Das ALPHA-OMEGA-DUO+ — Projekt[1]
DEM EINZIGEN GOTT

SEI EHRE UND RUHM
"Dem Einzigen Gott sei Ehre und Ruhm."
(1Tim 1,17)

---

[1] 'ALPHA-OMEGA-DUO' bezieht sich auf 'Das Neue-Testament in 2 Teilen' und '+' bezieht sich auf 'Anmerkungen zum Neuen-Testament'.

Anmerkungen zum Neuen-Testament

In der Schöningh'schen Bibel

(Henne/Rösch-Bibel)

Zusammengestellt, bearbeitet und herausgegeben von

Georg P. Loczewski

IMPRESSUM

Copyright ©Georg P. Loczewski (Hrsg.)
Typensatz erstellt vom Herausgeber mithilfe von LaTeX 2_ε
Die Grafiken wurden vom Herausgeber in Postscript programmiert und bei Bedarf mit dem Gimp modifiziert.

Verlag & Druck:

tredition GmbH
Halenreie 40-44
22359 Hamburg

ISBN:

978-3-347-40608-7 (Paperback)
978-3-347-40609-4 (Hardcover)
978-3-347-40610-0 (e-Book)

Printed in Germany
Das Werk, einschließlich seiner Teile, ist urheberrechtilich geschützt. Jede Verwertung ist ohne Zustimmung des Verlages und des Autors unzulässig. Dies gilt insbesondere für die elektronische oder sonstige Vervielfältigung, Übersetzung, Verbreitung und öffentliche Zugänglichmachung.

Siehe auch *'Das Alpha-Omega-Duo'*:

– **Das Evangelium Jesu Christi**, Georg P. Loczewski(Hrsg.)
– ISBN: 978-3-347-38981-6 (Paperback)
– ISBN: 978-3-347-38982-3 (Hardcover)
– ISBN: 978-3-347-38983-0 (e-Book)

– **Die Apostel Jesu Christi**, Georg P. Loczewski(Hrsg.)
– ISBN: 978-3-347-39591-6 (Paperback)
– ISBN: 978-3-347-39592-3 (Hardcover)
– ISBN: 978-3-347-39593-0 (e-Book)

Inhaltsverzeichnis

Vorwort   13

BUCH: Mt   15

   1 15
   2 17
   3 19
   4 20
   5 22
   6 24
   7 25
   8 25
   9 26
   10 26
   11 27
   12 28
   13 29
   14 30
   15 31
   16 31
   17 32
   18 32
   19 33
   20 34
   21 34

22	35
23	36
24	37
25	38
26	38
27	39
28	40

BUCH: **Mk**   **41**

1	41
2	43
3	43
4	44
5	45
6	46
7	47
8	48
9	48
10	49
11	50
12	51
13	52
14	52
15	54
16	55

BUCH: **Lk**   **56**

1	56
2	58
3	59
4	59

5	60
6	60
7	61
8	62
9	62
10	63
11	64
12	65
13	65
14	66
15	66
16	67
17	67
18	68
19	69
20	69
21	70
22	70
23	71
24	72

BUCH: **Joh** — **73**

1	73
2	74
3	75
4	76
5	77
6	77
7	78
8	79

9	79
10	80
11	80
12	81
13	82
14	82
15	83
16	83
17	83
18	83
19	84
20	85
21	85

BUCH: **Apg** — 87

1	87
2	88
3	88
4	89
5	89
6	90
7	91
8	91
9	92
10	93
11	93
12	94
13	94
14	95
15	96

16	97
17	98
18	98
19	99
20	99
21	100
22	101
23	101
24	102
25	102
26	103
27	103
28	104

BUCH: **Röm** — 105

1	105
2	106
3	106
4	107
5	108
6	108
7	109
8	110
9	111
10	112
11	112
12	113
13	114
14	114
15	115

16	116

Buch: 1Kor — 118

1	118
2	119
3	120
4	120
5	121
6	122
7	123
8	123
9	124
10	124
11	126
12	127
13	128
14	128
15	129
16	131

Buch: 2Kor — 132

1	132
2	132
3	133
4	134
5	134
6	135
7	135
8	136
9	136
10	137

11	138
12	138
13	139

BUCH: **Gal** — 140

1	140
2	141
3	142
4	143
5	145
6	146

BUCH: **Eph** — 147

1	147
2	147
3	148
4	149
5	149
6	150

BUCH: **Phil** — 151

1	151
2	152
3	152
4	154

BUCH: **Kol** — 155

1	155
2	155
3	156
4	157

BUCH: **1Thess** **158**
  1 158
  2 158
  3 159
  4 159
  5 160

BUCH: **2Thess** **161**
  1 161
  2 161
  3 162

BUCH: **1Tim** **163**
  1 163
  2 163
  3 164
  4 165
  5 165
  6 166

BUCH: **2Tim** **167**
  1 167
  2 167
  3 168
  4 168

BUCH: **Tit** **169**
  1 169
  2 170
  3 170

BUCH: **Phlm** **171**

1 171

BUCH: **Hebr**   **172**

  1 172
  2 172
  3 173
  4 174
  5 174
  6 175
  7 176
  8 176
  9 177
  10 178
  11 179
  12 181
  13 182

BUCH: **Jak**   **184**

  1 184
  2 185
  3 186
  4 186
  5 187

BUCH: **1Petr**   **188**

  1 188
  2 188
  3 189
  4 190
  5 191

BUCH: **2Petr**   **192**

1	192
2	193
3	194

BUCH: 1Joh   196

1	196
2	196
3	198
4	198
5	198

BUCH: 2Joh   200

1	200

BUCH: 3Joh   201

1	201

BUCH: Jud   202

1	202

BUCH: Offb   204

1	204
2	205
3	206
4	207
5	208
6	208
7	209
8	209
9	209
10	210
11	210

12	212
13	212
14	213
15	214
16	214
17	215
18	215
19	216
20	216
21	217
22	218

Die Namen der biblischen Bücher   **219**

DAS ALPHA-OMEGA-DUO+

Das Evangelium Jesu Christi

Der Weg zu dem, der war, und der ist und der kommen wird

(Evangelien-Synopse aus der Henne/Rösch-Bibel)

Die Apostel Jesu Christi

Wer euch hört, der hört mich

Die apostolischen Texte aus dem Neuen Testament der Henne/Rösch-Bibel

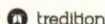

Vorwort des Herausgebers

Inhalt dieses Buches

Dieses Buch enthält die **Anmerkungen in der Schöningh'schen Bibel** *zu den Versen des gesamten Neuen-Testamentes*, d.h. es kann als Ergänzung zu den beiden anderen Büchern des Alpha-Omega-Duos angesehen werden. Die beiden Bände des Alpha-Omega-Duos haben die Titel: **'Das Evangelium Jesu Christi** - *Der Weg zu dem, der war und der ist und der kommen wird'* und **'Die Apostel Jesu Christi** - *Wer euch hört, hört mich'*.

In dem **1. Band** steht Jesus Christus im Mittelpunkt, sein Leben und sen Wort, das er an uns Menschen richtet.
Im **2. Band** geht es um Die Apostel, die Jünger Jesu Christi, ihr Leben aber vor allem ihre Sendung, allen Menschen die frohe Botschaft zu verkünden, die sie von ihrem Meister vernommen haben.
Die **frohe Botschaft** besteht darin, dass alle Menschen zu einem persönlichen Kontakt mit Gott berufen sind. Dieser Kontakt kommt dann zustande, wenn wir Menschen anfangen an den unendlich großen Gott zu glauben, der über allem steht, was wir mit unseren menschlichen Fähigkeiten erfassen und begreifen können.

Diesem <u>Glauben</u> zugesellen muss sich allerdings auch eine vertrauensvolle Hingabe oder anders ausgedrückt die <u>Hoffnung</u> und die <u>Liebe</u>, *da Gott die Liebe ist*. Was Liebe zu Gott bedeutet hat uns Jesus Christus geoffenbart.

Quellen für das Neue-Testament der Henne-Rösch-Bibel

Die biblischen Texte entstammen der **Schöningh'schen Bibel von Henne-Rösch (1934)**. Herr **Dr. Christoph Wollek** hat die Originaltexte überarbeitet und für seine Arbeit die *kirchliche Druckerlaubnis* erhalten.

Auf seiner Web-Site **https://www.volksbibel-2000.de** hat Hr. Dr. Wollek diese Übersetzung der gesamten Bibel sowie andere Bibel-Übersetzungen zum Download bereitgestellt.

Für unsere **Veröffentlichung des gesamten Neuen-Testamentes** hat Hr. Dr. Wollek die Erlaubnis zur Veröffentlichung erteilt. Herr **Dr. Christoph Wollek** hat vom **Ferdinand Schönigh-Verlag** alle Rechte an der Übersetzung der Bibel erhalten, auch das Recht zur Lizenzvergabe.

Detaillierte Quellenangabe:

Das folgende Zitat aus der Web-Site von Hr. Dr. Christhoph Wollek beschreibt die Quelle für die Schöningh'sche Bibel in der Volksbibel-2000 im Einzelnen:
«*Das NT liegt hier in der 1994 von Christoph Wollek revidierten und durch weitere Anmerkungen ergänzten Fassung der von Konstantin Rösch O.M.Cap. 1921 geschaffenen und von Kapistran Bott O.M.Cap. zuletzt 1966 bearbeiteten Übersetzung des Neuen Testamentes, die ebenfalls im Verlag Ferdinand Schöningh, München-Paderborn- Wien, 1967 erschienen war, vor. Für diese Neufassung des NT hat das Generalvikariat Paderborn 1995 die kirchliche Druckerlaubnis erteilt.*»

Diese detaillierte Quellenangabe gilt auch für die biblischen Texte in dem '*Alpha-Omega-Duo*', d.h. in den zwei Büchern (siehe IMPRESSUM), auf die sich dieses Buch '*Anmerkungen zum Neuen Testament*' bezieht.

Mt

Kapitel 1

¹ Zu 'Evangelium' vgl. die Anm. zu Mt 4, 23. - Nach Gottes Verheißung sollte der Messias aus der Nachkommenschaft Abrahams (Gen 12, 3), näherhin aus dem Geschlecht Davids (2Sam 7, 13 - 16) hervorgehen. Der Evangelist will Jesus durch den 'Stammbaum von Jesus Christus' als 'Sohn Davids' und 'Sproß Abrahams' nachweisen. - Einen zweiten 'Stammbaum Jesu' überliefert das Lukasevangelium, vgl. Lk 3, 23 - 38. - 'Jesus', die griechische Form des hebräischen 'Jeschua', war bei den Juden ein häufiger Rufname. Ursprünglich hebräisch 'Jehoschua', vereinfacht 'Josua', bedeutet er 'Jahwe (Gott) ist Heil', 'der Herr rettet'. (vgl. dazu Sir 46, 1. 5 - 7; Jeschua hieß auch der Hohepriester, der nach der Heimkehr der Juden aus dem großen babylonischen Exil (538/537 v.Chr.) den Tempel und seinen Kult aufbaute, und den der Prophet Sacharja in großartigen Visionen schaute, vgl. Sach 3, 1 - 10;Sach 6, 9 - 13). - Das hebräische Wort 'Messias' (Griech.: 'Christos') bedeutet 'der Gesalbte'. Gesalbt wurden im Alten Testament die dem Dienst Gottes Geweihten (Priester, Propheten, Könige, vgl. Ex 29, 4. 7;1Sam 10, 1;1Kön 19, 16§Ps 105, 15); im besonderen wurde so der verheißene Priester und König, der Erlöser genannt (1Sam 2, 10;Jes 61, 1;Ps 110, 4§Ps 2, 2;Dan 9, 26). 'Christus' ist mit der Zeit mehr und mehr zum Beinamen Jesu geworden (V.16). - Die Verbindung des Namens mit dem Amtstitel ('Jesus Christus') kommt in den Evangelien viermal (Mt 1, 1;Mk 1, 1;Joh 1, 17;Joh 17, 3), im übrigen Neuen Testament häufiger vor; sie ist eine urchristliche Bekenntnisformel dafür, das Jesus der Christus ist. Dabei legt die urchristliche Verkündigung, wie wir sie aus den Paulusbriefen kennen, noch einen besonderen Akzent in den Doppelnamen, ja nachdem, was sie voranstellt: Sagt sie 'Jesus Christus', geht sie aus vom Menschen Jesus, den Gott auferweckt und erhöht hat zur Würde und Rolle des Christus; sagt sie 'Christus Jesus', dann bekennt sie seine Präexistenz (vgl. dazu Phil 2, 5 - 11§Joh 17, 1 - 5): Christus ist der von Ewigkeit beim Vater weilende messianische Retter, der sich in dem Menschen Jesus geoffenbart hat.

³⁻⁴ 'Aram' - im Alten Testament: Ram (vgl. Rut 4, 19;1Chr 2, 9f).

⁸ Usija = Asarja (vgl. 2Kön 14, 21§ 2Chr 26, 1) war der Sohn Amazjas, der mit seinem Vater, Joasch, und seinem Großvater, Ahasja, im Stammbaum Jesu nicht erwähnt wird, vielleicht wegen des nach 1Kön 21, 21f;2Kön 9, 8 gegen das Haus Ahabs, dessen Tochter Atalja Joram zur Frau hatte, ausgesprochenen Fluches, der sich (nach Ex 20, 5) bis auf die Urenkel erstrecken sollte.

¹⁶ Das Verhältnis Josefs zu Jesus unterbricht auffällig das bisherige Schema 'B stammt von A': Es wird nur hervorgehoben, daß Josef der Mann Marias ist, d.h. nach jüdischem Recht der gesetzliche Vater auch eines Kindes seiner Frau, das nicht von ihm stammt. - Des Pflegevaters Rechte und Pflichten, die Schulden und Gutschriften seines Geschlechtes gehen rechtlich auch auf ein Kind über, das er nicht selbst gezeugt, sondern adoptiert hat (durch eine Heirat oder ohne sie). (Schiwy) - Zu 'Christus' s.o. zu V.1.

¹⁷ Von Abraham bis David vergingen ca. 900 Jahre, von David bis zur Umsiedlung nach Babylon und von da bis Jesus etwa je 500 Jahre. Es ist also unwahrscheinlich, daß Matthäus alle Geschlechter aufgeführt hat. - Der Stammbaum ist mit Absicht vom Evangelisten zu 3 mal 14 Gliedern aufgestellt. Für den Hebräer war Zahlensymbolik wichtiger als historische Exaktheit. Da im Hebräischen die Vokale keine Schriftzeichen hatten und Buchstaben auch Zahlen darstellten, las sich 'David', der Name der Schlüsselfigur der jüdischen Geschichte, als DVD = 4 6 4. Die Summe daraus, vierzehn, ist auch das Doppelte der heiligen Zahl sieben; drei mal vierzehn soll wohl die Fülle der Zeit, den Anbruch des messianischen Zeitalters andeuten.

¹⁸⁻²¹ Während Lukas die Kindheitsgeschichte mehr aus der Sicht Marias berichtet, erzählt Matthäus, wie Josef die Geburt Jesu erlebt haben mag. Darüberhinaus will er die wunderbare Empfängnis Jesu, die semitischem Denken fremd gewesen sein muß, den Judenchristen nahebringen und am Beispiel Josefs zeigen: Josef erging es nicht anders als uns, auch er mußte dem Wort Gottes glauben. Gegen die Pharisäer aber hält der Evangelist fest: Obwohl Josef, auf dessen Geschlecht die Messiasverheißung ruht, nicht leiblicher Vater des Kindes ist, bleibt er sein gesetzlicher, geht die messianische Verheißung trotzdem auf dieses Kind über. - '...mit Josef verlobt' - Wer sich nach jüdischem Recht vor Zeugen verlobte, wurde damit schon zur Ehe verbunden. Die Braut (bei der frühen Reife der Orientalen etwa 13 Jahre alt) blieb aber noch eine Weile (ein Jahr und länger im Vaterhaus, bis der Mann (18 - 20 Jahre alt) sie 'heimführte' (Dtn 20, 7) und so beide zum Vollzug der Ehe 'zusammenkamen'. - Zur Darstellung der Geburt Jesu im Koran vgl. die Anm. zu Lk 1, 26.

¹⁹ '...war gerecht' - Der Mensch des Alten Testamentes wußte sich ständig dem rich-

tenden Auge Gottes ausgesetzt; wer vor Gottes Urteil bestehen kann, weil er den an ihn ergehenden Willen Gottes, der ein je persönlicher Ruf ist, erfüllt, der ist gerecht, unschuldig, heil (vgl. dazu auch Ez 18, 5 - 9). Darum gehört die volle Gerechtigkeit mit zu den sehnsüchtig erwarteten Gütern der messianischen Endzeit. Jesus, der Gerechte schlechthin, hat uns diese letzte Gerechtigkeit gebracht, wie besonders Matthäus gegen die Juden betont (Mt 5, 6. 10. 20;Mt 6, 33;Mt 21, 32). - Die Gerechtigkeit war auch von Heiden schon mit Gott in Verbindung gebracht worden: 'Ihm zur Seite wandelt die Gerechtigkeit, die alle bestraft, welche das göttliche Gesetz nicht erfüllen. Mit ihr möge gleich von Anfang an Gemeinschaft schließen, wer glücklich und selig werden will.' (Platon, + 347 v.Chr.)

[20] '...ein Engel' - griechisch 'angelos' = Bote.

[21] '...Namen... geben' - 'Jesus' bedeutet: Jahwe ist Heil, Erlösung. ('Jahwe' ist der hebräische Gottesname; vgl. Ex 3, 13 - 15). - '...sein Volk' - die Juden sollen zuerst errettet werden, aber nicht von Hunger und Krieg, von Hellenismus und Römern, sondern von der letzten Ursache allen Unheils, von ihren Sünden; vgl. Ps 130, 7f;Jer 33, 7 - 9§Mk 2, 6f.

[22] 'Prophet' (= der für jemanden spricht) - in der Heiligen Schrift Bezeichnung für Männer oder Frauen, die, von Gott berufen, Gottes Willen verkünden.

[23] Vgl. Jes 7, 14.

[25] In einigen griechischen Handschriften sowie in der Vulgata steht am Ende des ersten Satzes - wohl in Anlehnung an das Lukasevangelium - der erklärende Zusatz: 'ihren Erstgeborenen' (vgl. Lk 2, 7), d.h., für Jesus gelten die für den Erstgeborenen bestehenden Rechtsvorschriften, vgl. Ex 13, 2. 11 - 16§Lk 2, 23f.

Kapitel 2

[1] 'Herodes' der Ältere regierte - in Abhängigkeit von Rom - von 40 v.Chr. bis 4 v.Chr. als König von Palästina. Jesus ist wohl 8 - 6 vor unserer Zeitrechnung geboren worden. Dionysius Exiguus, der 532 n.Chr. die Geburt Christi auf das Jahr 754 nach der Gründung Roms berechnete, hat damit zwar den Anfang unserer Zeitrechnung, aber

nicht das exakte Datum der Geburt Christi bestimmt. - Vgl. auch die Anm. zu Lk 1, 31. - 'Magier' - ihre Zahl und Namen sind unbekannt, sie kommen vermutlich aus Babylon. Das Wort stammt aus dem Persisch-Babylonischen und bezeichnete ursprünglich Mitglieder der Priesterkaste, die zugleich das Bildungsmonopol innehatten. Daher wurden auch Weise, Lehrer, Ärzte, Astrologen, Wahrsager, Traumdeuter, Zauberer als 'Magier' bezeichnet. In der Bibel sind Magier orientalische Astrologen, auch 'Chaldäer' (Dan 2, 2) genannt, oder Zauberer. - Keilschrifttexte bestätigen, daß man in Babylonien einen Retter aus dem Westland erwartete, wohl auf Grund der starken jüdischen Propaganda in der Diaspora. Überhaupt war die Erwartung eines Heilands zur Zeit Jesu weit verbreitet. - Die spätere Überlieferung machte aus den Weisen, die nach Betlehem gekommen waren, Könige; ihre Namen werden erst seit dem 6. Jahrhundert als Kaspar, Melchior und Balthasar angegeben.

[2] '...seinen Stern' - Die Astrologie der Chaldäer wurde zwar von den Propheten verspottet (Jes 47, 13) - Gott aber kann auch auf krummen Linien gerade schreiben! - '...ihm zu huldigen' - Die 'Proskynese' (griech.) bestand darin, daß man sich niederwarf und den Boden, die Füße oder den Kleidersaum küßte. So taten die Griechen vor einem Götterbild und in Heiligtümern, so die Perser vor ihrem König, den sie als Gott verehrten (der Brauch drang später bis nach Rom und Byzanz vor).

[15] Vgl. Hos 11, 1. - Wie einst das Volk Israel, so lebte auch der Messias in Ägypten und kehrte durch Gottes Fügung ins Heilige Land zurück.

[18] Vgl. Jer 31, 15. - 'Rama', heute Er-Ram, liegt etwa 8 km nördlich von Jerusalem. Dort befand sich das Grab von Rahel, der Mutter der Söhne Jakobs: Josef und Benjamin. In der Bildrede des Propheten Jeremias beklagt sie den Untergang des Nordreiches, das 721 v.Chr. von den Assyrern erobert wurde. - Nach Gen 35, 19f. hatte der Patriarch Jakob seine Frau Rahel 'am Weg nach Efrata, das ist Betlehem', begraben. Nach der Rückkehr aus der babylonischen Gefangenschaft wollte man ihr ein neues Grabmal vor den Toren Betlehems errichten. Durch eine falsche Interpretation der Glosse, die Efrata und Betlehem gleichsetzt, hatte man aber Rahels Grab 1 km nördlich von Betlehem lokalisiert (die Glosse sollte wahrscheinlich nur den Weg nach Efrata als den auch nach Betlehem führenden deutlich machen). - Das Jeremia-Zitat ist deshalb nur für die Leser sinnvoll, die dieses Grab Rahels bei Betlehem kennen.

[23] 'Stadt' ist in der griech. Übersetzung des AT jeder selbständige Ort, ob groß oder klein. - Der Name 'Nazoräer', den Jesus nach dem Wort des alttestamentlichen Propheten tragen soll, wird vom Evangelisten mit dem Ortsnamen Nazaret in Verbindung

gebracht; er bedeutet 'Mann aus Nazaret' (Nazaretaner). Die allgemein lautende Ausdrucksweise 'durch die Propheten' und der Umstand, daß das von Matthäus gebrauchte Zitat sich nirgends im Alten Testament nachweisen läßt, scheinen dafür zu sprechen, daß der Evangelist einen von den Propheten mehrmals ausgesprochenen Gedanken durch Jesu Zugehörigkeit zu Nazaret erfüllt findet. Welchen, ist freilich zunächst wenig klar und daher umstritten, die wahrscheinlichste Deutung ist die, daß der Evangelist an Jes 11, 1 denkt, wo der Messias 'das Reis' oder 'der Sproß' (= neser) aus dem Stumpf Isais heißt (vgl. Jes 4, 2; Jer 23, 5; Jer 33, 15; Sach 3, 8; Sach 6, 12). Der Gleichklang der beiden semitischen Namen 'neser' und 'nasaret' ist dem Evangelisten nicht zufällig und nicht ein bloßes Wortspiel, sondern darin wird ein tieferer, gottgewollter Zusammenhang offenbar. Wenn es den Juden undenkbar scheinen wollte, daß der Messias aus dem unbedeutenden und verachteten Nazaret kommen könne (vgl. Joh 1, 46), so will Matthäus hier durch den Hinweis auf den Namen der späteren Vaterstadt Jesu deutlich machen, daß schon der Name erkennen läßt, daß sie die von Gott bestimmte Stadt des Messias ist. Der Plural 'durch die Propheten' kann dann nur besagen, daß der genannte tiefe Sinn des Namens 'Narzoräer' schon im Alten Testament, das über den Messias weissagend Zeugnis ablegt, angedeutet wird, Der Sinn dieser Bemerkung ist ebenso wie Mt 1, 21 (vgl. Anm. zu Mt 1, 21) nur den des Hebräischen Kundigen, d.h. judenchristlichen Lesern verständlich.

Kapitel 3

[1] Zu Geburt und Kindheit Johannes des Täufers vgl. Lk 1, 5 - 25; Lk 1, 57 - 80.

[2] Das Himmelreich oder das Reich Gottes, das Reich Christi, ist von den Propheten verheißen und vom Messias gebracht. Auf Erden beginnt es dort, wo Menschen sich Gottes Willen unterwerfen; im Jenseits vollendet es sich als Reich der ewigen Seligkeit.

[3] Vgl. Jes 40, 3.

[4] Vgl. 2Kön 1, 8.

[8] 'Metanoia' (griechisch), Sinnesänderung, Umkehr, Buße, Bekehrung verlangt Johannes von den Pharisäern und Sadduzäern und allen, die auf ähnliche Weise 'fromm' sind. Das äußere Zeichen der Taufe genügt nicht, sie muß Ausdruck der Gesinnung sein, diese

aber wird offenbar in den Früchten, in der Praxis des Alltags. Metanoia im christlichen Sinn meint vor allem die Aufgabe aller Selbstherrlichkeit und Selbstverfügung und radikales Sich-Einlassen auf Gott und seine Führung, eine Haltung, die die Mehrheit des jüdischen Volkes eben nicht aufgebracht hat, so daß sie den Messias, da er ihren Vorstellungen nicht entsprach, nicht erkannt und ihn deshalb abgelehnt hat.

[11] Waschungen als Zeichen innerer Umkehr waren den Juden vertraut; z.B. die Händewaschung der Priester vor dem Opferdienst (Ex 30, 17 - 21), bei Berührung mit einem Leichnam (Num 19, 11 - 13) zur Entsündigung von Kriegsleuten (Num 31, 21 - 24) u.a.; vgl. auch Mk 7, 1 - 23. - Die Taufe des Johannes sollte Bußgesinnung wecken; die Geistestaufe Jesu bewirkt innere Heiligung.

[12] Die im Text verwandten Bilder sind alttestamentlich, vgl. Ps 1, 4;Hos 13, 3;Jes 66, 24. Das geerntete Getreide wurde auf den im Freien liegenden Dreschtennen (Felsplatten oder festgestampfte Lehmflächen) entweder, bei kleineren Mengen, mit dem Dreschstock geklopft, oder aber durch rundlaufende Rinder, Esel, Maultiere, Pferde ausgetreten, oder mit einen Dreschschlitten (vgl. Anm. zu 2Sam 24, 22) gedroschen. Gegen Abend, bei günstigem Westwind, wurde das gedroschene Getreide geworfelt: Körner und Spreu werden mit Worfschaufeln oder Holzgabeln so hochgeworfen, daß die Körner zu Boden fallen, die leichte Spreu vom Wind zur Seite getragen wird. Dann wird die Tenne gesäubert: Der Weizen kommt in die Vorratskammer (Scheune), die Spreu dient als Brennmaterial.

[16] Vgl. Anm. zu Mk 1, 10.

Kapitel 4

[1] '...vom Teufel versucht...' - Die Versuchung in diesem Augenblick des Lebens Jesu soll zeigen: seine an den Auftrag Gottes gebundene, heilsgeschichtliche Aufgabe als Messias, als den ihn die Geistausgießung nach der Bußtaufe feierlich bestätigt hat, ist die Überwindung des Satans als des Herrn der Welt, eine Aufgabe jenseits Politik und sozialer Frage. - 'Wüste' - für die Orientalen nicht nur die menschenleere Öde, wo man hilflos Tod und Dämonen ausgeliefert ist, sondern auch ein Ort, wo man einsam und auf sich gestellt lernt, auf Gott zu bauen und auf seine Stimme zu hören. Für den Juden war die Wüste eine stete Erinnerung an das entscheidende Ereignis in der Geschichte seines

Volkes, den Auszug (Exodus) aus der Sklaverei Ägyptens und die Erziehung zum Volk Gottes auf der vierzigjährigen Wanderung durch die Wüste. Vgl. auch Hos 2, 16f.

[2] Vgl. Ex 34, 27f.

[3] 'Versucher' - Gottes und der Menschen Feind, der den Menschen von Gott abbringen will; er wird zuerst in Ijob 1, 6 als 'Satan' bezeichnet - 'satan' (hebr.) = anfeinden, anklagen; im Griech.: diabolos = Verleumder; von daher stammt durch Umbildung das deutsche Wort 'Teufel. - Nach dem Willen des Vaters sollte Jesus auf dem Weg der Erniedrigung unser Heil bewirken (vgl. Phil 2, 6 - 11). Dagegen will der Versucher ihn zum Mißbrauch seiner Wundermacht verführen.

[4] Vgl. Dtn 8, 3.

[5] Der erste, von Salomo 968 erbaute Tempel wurde 587 von den Babyloniern zerstört. Der nach dem Exil von Zorobabel (520-515) wiedererrichtete 'zweite' Tempel wurde von Herodes d.Großen aus- und umgebaut. In ihm trat Jesus auf. Er wurde 70 n.Chr. von den Römern zerstört.

[6] Vgl. Ps 91, 11f.

[7] Vgl. Dtn 6, 16.

[10] Vgl. Dtn 6, 13.

[15] Vgl. Jes 8, 23; Jes 9, 1. Nach Jesaja soll Jesus, das Licht der Welt, sein messianisches Wirken, das allen, auch den Heiden gilt, gerade in dem von Heiden durchsetzten Galiläa beginnen.

[18] Vgl. Mk 1, 16 - 20; Lk 5, 1 - 11.

[23] Das Wort 'Evangelium' kommt aus dem Griechischen und bedeutet 'gute Nachricht', 'Frohbotschaft' oder 'Freudenbotschaft' (die Vorsilbe: eu = gut, freudenvoll, frohmachend; angelion = Nachricht; angelos = der Bote; aus dem Griech.). - Das Evangelium Jesu ist die Botschaft, daß Gott die Menschen so sehr geliebt hat, daß er seinen einzigen Sohn sandte, um sie zu retten. Er sollte ihnen nicht nur die Vergebung der Sünden zusprechen, sondern sie aus der Macht des Bösen befreien, die Fesseln der Sünde lösen, sie wahrhaft 'erlösen', damit sie Anteil an Gottes Herrlichkeit, seinem

'Reich', erhalten. - Vier Evangelisten haben die Freudenbotschaft von und über Jesus schriftlich verkündigt. Ihre Bücher werden 'Evangelien' genannt. Um klarzustellen, daß es sich bei den vier schriftlichen Evangelien um das eine Evangelium Jesu handelt, sagen wir: 'Evangelium nach Matthäus', 'Evangelium nach Markus' u.s.w. - Die Kirche verkündigt in seinem Auftrag bis auf den heutigen Tag das 'Evangelium von Jesus', die Botschaft über Jesus, den Mittler zwischen Gott und den Menschen, den Weg, die Wahrheit und das Leben (vgl. Joh 14, 6), und die Botschaft von Jesus, das, was er gelehrt und vorgelebt hat. - Die Freude darüber, daß wir durch das Leiden, den Tod und die Auferstehung unseres Herrn Jesus Christus erlöst sind, sollte das Leben des Christen prägen.

[24] Zur 'Besessenheit' vgl. Anm. zu Mk 1, 25. - Die hier erwähnten 'Mondsüchtigen' waren wohl Epileptiker; in der Antike wurde die Fallsucht auf den Einfluß der Mondgottheit zurückgeführt.

Kapitel 5

[3] 'Arm im Geist' sind jene, die sich ihrer Hilfsbedürftigkeit, ihres Angewiesenseins auf die Gnade Gottes bewußt sind und sich demütig Gott öffnen.

[5] 'Das Land' ist das Land der Verheißung - im höheren Sinn das Land der Seligen.

[13] Das Salz hat würzende und bewahrende Kraft. So sollen die Jünger die Welt vor der Verderbnis bewahren und gottgefällig machen; werden sie diesem Beruf untreu, erfüllen sie nicht ihre Aufgabe.

[17] Der Ausdruck 'Gesetz und Propheten' bezeichnet kurz das Alte Testament.

[18] 'Wahrlich' (= Amen, so sei es, s. auch Anm. zu Mt 6, 24), sagten die Juden zu der Rede eines anderen, wenn sie ihr zustimmten. Jesus stellt es an den Beginn seiner Worte, als wollte er sagen: Was ich euch sage, darüber gibt es keine Diskussion, das ist so! - ob ihr es bejaht oder nicht. Ihr könnt darüber auch gar nicht urteilen, es übersteigt eure Erkenntnis, ich aber weiß es und sage es euch! - Jesus beansprucht uneingeschränkte Lehr- und Gesetzesautorität wie einst der Gesetzgeber auf dem Sinai: Gott.

²¹ Vgl. Ex 20, 13. - 'Gericht' - hier nicht das große 'Synedrion' in Jerusalem, sondern das kleinere, aus 23 Mitglieder bestehende Gericht, das in jedem größeren Ort bestand und sich oft mit den Synagogenvorständen deckte.

²² Jesus stellt nicht Mord und Zorn auf die gleiche Linie, sondern weist darauf hin, daß vor dem göttlichen Richter nicht nur der Mord, sondern auch Zorn und gehässige Gesinnung gegen den Nächsten ('Du bist für mich tot!'), die der Liebe entgegenstehen und den Mord erst ermöglichen, sündhaft sind. - Der Hohe Rat war das große, aus 70 Priestern und Laien bestehende Synedrion (= Sitzung) in Jerusalem, die höchste politische und gerichtliche Behörde des Judentums, die bald nach dem babylonischen Exil dem Hohenpriester, der geistliches und oft auch weltliches Oberhaupt war, zur Seite stand und unter seinem Vorsitz entschied, was sich die Römer nicht ausdrücklich vorbehalten hatten; Todesurteile mußten vom römischen Prokurator bestätigt werden. Zu 'Hölle' (= 'Gehenna') vgl. Anm. zu Jer 7, 31.

²⁷ Vgl. Ex 20, 14.

³¹⁻³² Vgl. Dtn 24, 1. - Bei den Juden war Ehescheidung gestattet, wenn auf seiten der Frau ein schändliches Vergehen vorlag. - Jesus verbietet alle Ehescheidung, auch die bisher zugestandene (bemerkenswert ist, daß das Mk-Ev., das vor dem Mt-Ev. geschrieben worden war, die sog. 'Unzuchtsklausel' nicht kennt!); vgl. Mk 10, 11f; Lk 16, 18; 1Kor 7, 10f. Wie sich auch aus dem Zusammenhang ergibt, kann bei den schwer verständlichen Stellen Mt 5, 32; Mt 19, 9 von einer Ausnahme keine Rede sein. Die Worte 'ausgenommen der Fall von Unzucht' und 'außer wegen Unzucht' Mt 19, 9 weisen nicht auf die Möglichkeit der Ehescheidung hin, sondern der gelegentlich schon geübten 'Trennung von Bett und Tisch' (vgl. 1Kor 7, 11).

³³ Vgl. Lev 19, 12; Num 30, 3.

³⁸⁻⁴² Vgl. Ex 21, 23; Lev 24, 20.

⁴⁰ Der Mantel war dem Armen noch notwendiger als der Rock; vgl. Ex 22, 25f.

⁴¹ Ein 'Milion', eine lateinische Meile = 1478,5 m.

⁴³ Vgl. Lev 19, 18§Ps 139, 21f. - Haß gegen andere, heidnische Völker, gegen den religiösen und nationalen Feind also, war im Alten Testament zwar nicht ausdrücklich geboten, aber naheliegend. In diesem Sinn gebietet das Handbuch der Unterweisung aus

Qumran, »alles zu lieben, was er (Gott) erwählt, und alles zu hassen, was er verworfen hat..., alle Söhne des Lichtes zu lieben..., und alle Söhne der Finsternis zu hassen« (i, 4-9).

[48] Der Christ soll sich an Gott, nicht an den Menschen orientieren.

Kapitel 6

[13] Spätere Textzeugen fügen in Anlehnung an 1Chr 29, 10f. hinzu: 'Denn dein ist das Reich und die Kraft und die Herrlichkeit in Ewigkeit. Amen.'

[16-17] Anlaß zur Heuchelei gab der jüdische Brauch, sich beim Fasten auch äußerlich zu entstellen. Anders verhielt sich König David, vgl. 2Sam 12, 20.

[22-23] Wörtlich: 'Die Lampe des Leibes' - Wie das Auge das Licht 'hereinläßt' und dadurch das ganze Sein des Menschen 'hell' wird, so läßt das 'lautere' Auge das Licht der göttlichen Offenbarung ein, in dessen Licht der Mensch 'wandelt und handelt'; ist das Auge 'böse', verschließt sich der Mensch der Offenbarung und wandelt in 'Finsternis und Todesschatten', vgl. Lk 1, 79.

[24] 'Mammon' - Vermögen, Besitz, Reichtum; vom aramäischen 'aman' = zuverlässig, sicher; - was man in Sicherheit gebracht hat, worauf man vertraut, weil es einem Sicherheit gibt. Vgl. 'Amen' (Anm. zu Mt 5, 18).

[26] Vgl. Ijob 38, 41;Ps 147, 7 - 11. »Denn hungere ich, so schreie ich, Gott, zu dir; dann gibst du mir. Du nährst die Vögel und die Fische; denn du verleihst der Steppe für den Graswuchs Regen. Du schaffst Futter auf der Trift für jegliches Getier, und hungern sie, so heben sie ihr Angesicht zu dir. Du nährst, Gott, die Könige, die Fürsten und die Völker. Was ist des Armen und des Dürftigen Hoffnung? Nicht du, Herr? Ja, du wirst hören« (Aus den außerbiblischen Psalmen Salomos 5,10-14).

[27] Nach der Vulgata: 'Wer von euch vermag mit seinen Sorgen seine Gestalt auch nur um eine Spanne zu verlängern?'

Kapitel 7

[4] 'Brüder' und 'Schwestern' heißen im Orient nicht nur die leiblichen Geschwister, sondern auch die Verwandten. So sagt Abraham zu seinem Neffen Lot: 'Es soll kein Streit sein zwischen meinen Hirten und deinen Hirten, denn Brüder sind wir' (Gen 13, 8). Aber auch gute Freunde, Nachbarn, Teilhaber desselben Glaubens, überhaupt Mitmenschen bezeichnet das Alte Testament hin und wieder als 'Brüder', vgl. Jes 66, 20. So liegt es nahe, daß sich die Urkirche als eine Bruderschaft versteht, in der einer für den anderen Verantwortung trägt.

[15] 'Falsche Propheten' waren dem auserwählten Volk oft zum Verhängnis geworden, vgl. Ez 22, 27f; Jer 23, 14.

Kapitel 8

[4] 'Ihnen zum Zeugnis' - daß alles, was vom Gesetz für die Wiedereingliederung eines Aussätzigen in die Gemeinschaft vorgeschrieben war, erfüllt worden ist, vgl. Lev 14, 2 - 23.

[16] Zur 'Besessenheit' vgl. Anm. zu Mk 1, 25.

[17] Vgl. Jes 53, 4.

[22] Der Jünger soll sich nicht um die 'Toten' kümmern, d.h. die Verwandten, die Jesus ungläubig fernstehen, vielmehr die Zeit mit dem Spender des Lebens verbringen.

[29] Zur 'was haben wir mit dir zu tun' vgl. Anm. zu Joh 2, 4.

Kapitel 9

[13] Vgl. Hos 6, 6.

[16-17] Der 'neue Flicken' und der 'junge Wein' symbolisieren das Evangelium, das alte Kleid und die alten Schläuche die alten Formen der israelitischen Frömmigkeit. Die neue messianische Zeit fordert neue Formen. – Neues, ungewalktes Tuch zieht sich, wenn es naß wird, zusammen, und reißt ein (vgl. Mk 2, 21).

[20 oder:] '...die Quasten seines Gewandes' - die an den Kleiderzipfeln angebrachten Quasten sollten die Israeliten an die Einhaltung der göttlichen Gebote erinnern; - vgl. Num 15, 37 - 40.

[32] Zur 'Besessenheit' vgl. Anm. zu Mk 1, 25.

Kapitel 10

[1] Die Jünger eines jüdischen Schriftgelehrten suchten möglichst lebendigen Kontakt mit ihrem Meister; nicht selten lebten und wohnten sie mit ihrem Meister zusammen. - Im AT werden die Prophetenjünger oft als 'Söhne' bezeichnet (z.B. 2Kön 4, 38). - Was die zwölf Stammväter Israels für das alte, sollten die zwölf Jünger für das neue Gottesvolk sein: Fundament und Träger des Reiches Gottes (vgl. auch Mt 19, 28). - Die Zahl Zwölf galt nicht nur bei den Juden, sondern auch in der heidnischen Welt als bedeutsam, wie die 'zwölf' obersten olympischen Götter bei den Griechen, das 'Zwölf'-tafelgesetz bei den Römern oder die 'Zwölf' als Maßeinheit (das Dutzend) zeigen.

[4] Zu 'Kananäus' vgl. die Anm. zu Mk 3, 18.

[5] Die Jünger sollten wie Jesus ihre Tätigkeit einstweilen auf Israel beschränken; erst bei seiner Himmelfahrt erhielten sie den Auftrag zur Weltmission (vgl. Apg 1, 8).

[15] Vgl. Gen 18, 20; Gen 19, 23 - 25.

[16] '...listig wie die Schlangen' - die sprichwörtliche Schlangenklugheit (vgl. Gen 3,

1), welche die Jünger in der Behandlung der Menschen walten lassen sollen, darf nicht zur Hinterlist werden, sie muß mit der 'Taubeneinfalt' verbunden sein (Rabbi Jehuda ben Simon: 'Gott sagt von den Israeliten: Gegen mich sind sie einfältig wie die Tauben, gegen die Völker der Welt aber listig wie die Schlangen [Midrasch zu Hld 2, 12]). Weder blinde Verauensseligkeit oder unbedachter Wagemut noch listige Verschlagenheit, die auch krumme Wege nicht scheut, können hier etwas erreichen. Nur Besonnenheit und lautere Geradheit finden, miteinander verbunden, den Zugang zu den Herzen der Menschen.

[23] Die Apostel sollen sich den Verfolgungen entziehen, wenn höhere Pflicht es nicht anders erfordert. - '...bis der Menschensohn kommt', die Israel-Mission, nicht nur im Land Israel, sondern auch in allen Städten, in denen Israeliten wohnen, ist dauernde Aufgabe der Kirche, bis zum Ende der Zeiten.

[28] Zu 'Hölle' (= Gehenna) vgl. die Anm. zu Jer 7, 31.

[29] Wörtlich: '...für ein paar As' - Das As war die gewöhnlichste Kupfermünze (altlateinisch: assarius).

[36] Vgl. Mi 7, 6.

Kapitel 11

[3] Johannes will Jesus dazu bewegen, sich als den Messias zu offenbaren. - Jesus verweist auf seine Taten, die ihn als den von Jesaja vorherverkündeten Messias ausweisen (vgl. Jes 35, 5f; Jes 61, 1.)

[11] Johannes überragt alle anderen Propheten, weil er der 'Wegbereiter' des Messias ist, den Malachias angesagt hat (vgl. Mal 3, 1). Inzwischen ist jedoch eine neue Heilsordnung angebrochen, der Johannes nicht mehr angehört. Als unmittelbarer Herold 'im Vorhof', bleibt er im Bereich der alten Ordnung. Deshalb steht er trotz seiner überragenden heilsgeschichtlichen Stellung selbst hinter dem Geringsten, der der neuen Ordnung angehört, zurück.

[12] Der Vers ist schwer zu interpretieren. - Wörtlich: '...wird das Reich der Himmel

gewalttätig behandelt und Gewalttätige reißen es an sich.' - Versteht man ihn als Klage Jesu über die Verfolgung, kann man ihn so übersetzen: '...erleidet das Himmelreich Gewalt, und Gewalttätige reißen es (anderen) weg'; versteht man ihn als Aufforderung zur Selbstüberwindung, wäre die Bedeutung: '...das Himmelreich wird mit Gewalt bestürmt, und (nur) Gewaltsame reißen es an sich'. - In der vorliegenden Übersetzung (nach Schiwy in Anlehnung an Lk 16, 16) wird der Vers als Jubelruf Jesu interpretiert.

[14] Vgl. Mal 3, 23f.

[19] Ungläubigen kann es keiner recht machen. Für die Gutwilligen ist aber die göttliche Weisheit im Leben und Wirken Jesu sowie in seiner Lehre erkennbar.

[23] Vgl. Jes 14, 13. 15.

[25-27] Eins der wichtigsten Zeugnisse über Jesu einzigartige heilsgeschichtliche Stellung.

Kapitel 12

[2] Das göttliche Gesetz gestattete, (vgl. Dtn 23, 25f), das menschliche untersagte es.

[4] Vgl. 1Sam 21, 1 - 6.

[5] Vgl. Num 28, 9f.

[7] Vgl. Hos 6, 6. - Die 'Schuldlosen' sind die Jünger.

[8] 'Herr über den Sabbat' - nicht indem er sich über den Sabbat hinwegsetzte, sondern indem er lehrte, wie er richtig verstanden werden muß.

[18-21] S. 'Knecht Gottes'. - Vgl. die Anm. zu Apg 3, 13.

[22] Zur 'Besessenheit' vgl. Anm. zu Mk 1, 25.

[23] 'Sohn Davids' war der feierliche Titel des Messias.

[27] Auch unter den Pharisäern gab es Exorzisten; der Exorzismus im Namen Gottes galt sogar als Ausdruck der Überlegenheit der jüdischen Religion, vgl. auch Apg 19, 13 - 16.

[32] Als 'Sünde gegen den Heiligen Geist' wird: Vermessenheit, Verzweiflung (= Zweifel am Erbarmen und an der Macht der Gnade Gottes), Ablehnung der erkannten Wahrheit (vgl. Hebr 10, 26f) und hartnäckiger Widerstand gegen sie, Neid über die Begnadigung anderer, Verstocktheit und Unbußfertigkeit angesehen.

[40] Vgl. Jona 2, 1f. 11. - Beim Ausdruck 'drei Tage und drei Nächte' braucht man nicht an drei volle Tage zu denken; die Juden zählten angebrochene Tage und Nächte für ganze.

[41] Vgl. Jona 3.

[42] Vgl. 1Kön 10, 6 - 9.

[46] Die 'Brüder Jesu' waren nicht leibliche Kinder Marias. Vom 'Bruder Jesu' Jakobus (vgl. Gal 1, 19) wird als dessen Vater Alphäus (Mt 10, 3), als seine Mutter Maria genannt, die von Maria, der Mutter Jesu, unterschieden wird (Mt 27, 56) und wohl mit der in Joh 19, 25 genannten Maria des Klopas, der Schwester der Mutter des Herrn, identisch ist. Es handelt sich also um Brüder im weiteren Sinn, um nahe Verwandte, Vettern. Auch im Alten Testament (Gen 13, 8; Gen 14, 16; 1Chr 23, 22) und im hellenistischen Sprachgebrauch wird das Wort 'Bruder' oft im weiteren Sinn verwendet.

[47] Dieser Vers fehlt in vielen alten Handschriften und ist wohl aus Mk 3, 32 hier in den Text eingedrungen.

[49-50] Jesus stellt die geistige Verwandtschaft über die leibliche (vgl. Lk 11, 27f). Auch in ihr nimmt seine Mutter den ersten Platz ein, weil sie in allem Gottes Willen befolgte.

Kapitel 13

[14-15] Vgl. die Anm. zu Jes 6, 9 - 10.

[24-30] Nach dem Gleichnis vom Unkraut umschließt die Kirche Gute und Böse. Erst am Ende der Zeiten erfolgt die endgültige Trennung - im Gleichnis ist somit auch ein Hinweis über den Umgang mit Sündern enthalten.

[35] Vgl. Ps 78, 2.

[44-46] Die kurzen Gleichnisse vom Schatz im Acker und von der kostbaren Perle zeigen das Himmelreich als Gut, dem alles andere untergeordnet werden sollte.

[47-50] Die allgemeine Scheidung zwischen Gerechten und Sündern erfolgt erst am Ende der Weltzeit, vgl. Mt 25, 31 - 33.

[55] Zu den hier erwähnten Verwandten Jesu vgl. die Anm. zu Mt 12, 46.

Kapitel 14

[4] Johannes hat Herodes nicht wegen Ehescheidung oder Polygamie, sondern wegen Heirat der Frau seines Halbbruders zurechtgewiesen, die nach dem Gesetz nicht erlaubt war, vgl. Lev 20, 21.

[6] Vgl. Anm. zu Mk 6, 22.

[22] Jesus befahl seinen Jüngern wegzufahren, weil sie noch ganz in den Gedanken und Hoffnungen des Volkes auf einen irdischen Messiaskönig lebten (vgl. Joh 6, 14f).

[24] Nach Joh 6, 19 waren es 25 - 30 Stadien: ein Stadium beträgt etwa 190 m. Die Vulgata übersetzt: 'Das Boot wurde mitten auf dem See von den Wellen hin und her geworfen.'

[25] Die (zwölfstündige) Nacht (von sechs Uhr abends an) teilten die Juden in drei 'Wachen' ein, die Römer in vier. Die vierte Nachtwache ist also die Zeit zwischen 3 und 6 Uhr morgens.

Kapitel 15

[2] Die 'Überlieferung der Alten' enthielt mündlich überlieferte Satzungen, die im Lauf der Zeit das Gesetz Gottes ergänzten, aber auch häufig entstellten und verdrängten.

[4] Vgl. Ex 20, 12; Ex 21, 17.

[5-6] Durch die von Jesus zitierte Gelübdeformel konnte ein Sohn seinen Eltern den Lebensunterhalt entziehen; es wurde behauptet, das Gelübde verpflichte ihn strenger als das vierte Gebot (zur Einhaltung des Gelübdes konnte er aber nicht gezwungen werden).

[9] Vgl. Jes 29, 13f.

[22] Die Kanaanäer waren die heidnischen Ureinwohner Palästinas.

[39] Der Ort Magadan ist nicht mehr eindeutig zu identifizieren; die einen vermuten ihn am westlichen, andere am südlichen Ufer des Sees Gennesaret.

Kapitel 16

[18-19] Zur Namensänderung vgl. die Anm. zu 2Kön 23, 34. - Jesus hat beidemal dasselbe (aramäische) Wort 'kepha' = Fels gebraucht (der später im NT verwendete Namen 'Kephas' ist die gräzisierte Form von kepha). - Petrus wird die oberste kirchliche Gewalt zugeteilt. Die Binde- und Lösegewalt erteilte Jesus auch den anderen Aposteln (vgl. Mt 18, 18; Joh 20, 23. - 'Himmelreich' ist als Synonym für Gottesreich zu verstehen.

[20] Jesus wollte sich dem Volk noch nicht als der verheißene Messias zu erkennen geben, um nicht falsche Hoffnungen zu wecken (viele erwarteten einen 'politischen' Messias, der Israel zum Sieg über die römische Besatzungsmacht führen werde).

[23] Das Wort 'Satan' bedeutet 'Widersacher, Gegner'; Petrus wird nicht mit dem Teufel identifiziert, sondern als 'Widersacher' gescholten (auch der Engel trat Bileam als 'Widersacher' entgegen, vgl. Num 22, 22. 32).

25-26 'Leben' ist hier im geistigen, eschatologischen Sinn zu verstehen.

Kapitel 17

[2] Die Vulgata übersetzt: '...seine Kleider wurden wie Schnee'.

[10] Vgl. Mal 3, 23f.

[15] Als 'Mondsüchtige' wurden Epileptiker bezeichnet; in der Antike führte man die Fallsucht auf den Einfluß der Mondgottheiten zurück.

[20] Vgl. 1Kor 12, 9.

[21] Dieser Vers ist wird nur von späteren Textzeugen, wohl in Anlehnung an Mk 9, 29, überliefert.

24-27 Wörtlich: '...die die Doppeldrachme Erhebenden' - Jeder freie Israelit hatte von seinem zwanzigsten Lebensjahr an jährlich einen halben Stater = eine Doppeldrachme (eine Drachme entsprach dem Tagelohn eines Arbeiters), an Tempelsteuer zu zahlen, vgl. Ex 30, 13 - 15; Neh 10, 33. Nichtisraelitisches Geld war als Tempelsteuer nicht zugelassen. Fremde Münzen mußten bei Wechslern in den 'Tempelschekel' umgetauscht werden; Pilgern ermöglichten dies Geldwechsler im Vorhof des Tempels, vgl. Mt 21, 12.

Kapitel 18

[4] 'Sich vor Gott erniedrigen' - sich vor Gott so hilfsbedürftig und auf ihn so angewiesen wissen wie ein Kind gegenüber seinem Vater; seinen Selbstbehauptungswillen, Stolz und sein Autonomiestreben Gott gegenüber aufgeben.

[7] Bei der Schwachheit und Bosheit der Menschen werden Ärgernisse nicht ausbleiben.

⁹ Zu 'Hölle' (= Gehenna) vgl. die Anm. zu Jer 7, 31

¹¹ In Anlehnung an Lk 19, 10 fügen einige Textzeugen diesen Vers hier ein.

¹⁶ Vgl. Dtn 19, 15.

¹⁷ 'Gemeinde' - im Griechischen 'ekklesia', was auch mit 'Kirche', hier besser mit 'Ortsgemeinde', übersetzt werden kann. - Die Worte '...er gelte dir wie ein Heide und Zöllner' zeigen, daß die Kirche die Vollmacht des Ausschlusses, der Exkommunikation hat.

¹⁸ Die Binde- und Lösegewalt wird neben Petrus, vgl. Mt 16, 19, hier auch den anderen Aposteln, bzw. der Ekklesia (s.o. zu V.17) zugesprochen.

²² Die Vulgata übersetzt: 'Ich sage dir, nicht bis zu siebenmal, sondern bis zu siebzigmal siebenmal.'

²⁴ Das Steueraufkommen von Galiläa und Peräa im Jahr 4 n.Chr. betrug 200 Talente.

²⁸ 6.000 Denare entsprachen einem Talent.

Kapitel 19

⁴⁻⁵ Vgl. Gen 1, 26 - 28; Gen 2. 18. 21 - 24.

⁷ Vgl. Dtn 24, 1.

⁹ Vgl. Anm. zu Mt 5, 31 - 32.

¹² Wörtlich: 'Es sind nämlich Eunuchen, welche aus dem Leib der Mutter so geboren wurden, und es sind Eunuchen, welche zu Eunuchen von Menschen gemacht worden sind, und es sind Eunuchen, welche sich selbst zu Eunuchen gemacht haben wegen des Reiches der Himmel. Der es fassen kann, fasse es.' - Eine Begründung für die Ehelo-

sigkeit um des Himmelreiches willen, gibt Paulus in 1Kor 7, 32 - 35.

[24] Vgl. Sir 31, 5 - 7. - Das Bildwort wurde in die siebte Sure des Koran aufgenommen; es heißt hier, daß bestimmte Sünder 'nicht eher ins Paradies eintreten, als bis ein Kamel durch ein Nadelöhr geht.'

Kapitel 20

[1] Der (Arbeits)tag von sechs Uhr morgens bis sechs Uhr abends, von Sonnenauf- bis Sonnenuntergang, ist in zwölf Stunden aufgeteilt. Die 'dritte Stunde' (V.3) war gegen 9 Uhr morgens, die 'elfte Stunde' (V.9) gegen 17.oo Uhr, eine Stunde vor Sonnenuntergang, bzw. Arbeitsende.

[16] In Anlehnung an Mt 22, 14 fügen spätere Textzeugen hinzu: 'Denn viele sind berufen, wenige aber auserwählt'.

Kapitel 21

[5] Vgl. Sach 9, 9; Jes 62, 11.

[8] In Jerusalem hatte damals wohl 80.000 Einwohner. An den Feirtagen werden sich Hunderttausende hier aufgehalten haben. Nur ein Paar Reiche konnten sich eine Herberge innerhalb der Stadtmauern leisten. Der Rest der Pilger übernachtete außerhalb der Stadt.

[9] Vgl. Ps 118, 26. - 'Hosanna' = Lob, Ruhm; aber auch: Hilf doch!

[12] Zu den Geldwechslern vgl. Anm. zu Mt 17, 24. - Die erste Tempelreinigung fand zu Beginn des öffentlichen Wirkens Jesu statt (vgl. Joh 2, 14 - 22).

[13] Vgl. Jes 56, 7.

¹⁵ Das griechische Wort 'thaumasia' (= Wunder), das wie das lateinische 'miraculum' und das deutsche 'Wunder' von 'sich wundern' abgeleitet ist, wird im Ev nur hier als Bezeichnung für eine Tat Jesu verwendet, die sonst als 'Werk', 'Machttat', oder 'Zeichen' umschrieben wird.

¹⁶ Vgl. Ps 8, 3.

³¹ Die Zöllner und Dirnen fühlen sich eher als Sünder und könnten deshalb eher zur Umkehr bereit sein als die 'Gerechten', die, von ihrer moralischen Qualität überzeugt, glauben, der Umkehr nicht zu bedürfen.

³² Man könnte auch übersetzen: 'Johannes ist gekommen, um euch den Weg der Gerechtigkeit zu zeigen, und ihr habt ihm nicht geglaubt ...' -

³⁶ Vgl. Num 14, 10; 2Chr 24, 20 - 22.

⁴² Vgl. Ps 118, 22f.

⁴⁴ Da Vers 44 sinngemäß an V.42 anschließt, wurde er an diese Stelle gesetzt. - In einigen alten Handschriften fehlt dieser Vers; er ist wohl irrtümlicherweise hinter Vers 43 überliefert worden.

Kapitel 22

²¹ Die kaiserliche Steuer mußte mit römischen, nicht mit jüdischen Münzen entrichtet werden.

²⁴ Vgl. Dtn 25, 5f; Gen 38, 5 - 8. - Durch den erdichteten Fall versuchten die Sadduzäer den Glauben an die Auferstehung lächerlich zu machen.

³² Vgl. Ex 3, 6. - Da nur die Thora, die fünf Mose-Bücher, von den Sadduzäer als 'Heilige Schrift' anerkannt wurde, nimmt Jesus aus ihr dieses Zitat als 'Schriftbeweis'.

³⁷ Vgl. Dtn 6, 5.

[39] Vgl. Lev 19, 18.

[40] Die übrigen Gebote stehen nicht neben oder unter dem Liebesgebot, sondern geben ihm erst den richtigen Sinn; wie Liebe zu verwirklichen ist, wird in den Geboten präzisiert.

[44] Vgl. Ps 110, 1.

[45] Der leiblichen Abstammung nach ist der Messias Davids Sohn; seiner Gottheit nach ist er sein Herr, vgl. Röm 1, 3f.

Kapitel 23

[14] Dieser Vers ist nur in jüngeren Handschriften enthalten; er wurde hier wohl aus Mk 12, 40 eingefügt.

[15] Zu 'Hölle' (= Gehenna) vgl. die Anm. zu Jer 7, 31.

[27] Die Juden übertünchten alljährlich vor dem Paschafest die Grabsteine mit Kalk. So waren diese in ihrer äußeren Sauberkeit ein treffendes Bild der scheinheiligen Pharisäer.

[33] Wörtlich: '...wie wollt ihr fliehen vor dem Gericht der Hölle?'

[35] Hier liegt wohl eine Verwechslung vor zwischen Secharja (griech. Zacharias), dem Sohn Jojadas, und dem Propheten Sacharja, dem Sohn des Berechja (griech. Barachias). - Von einem gewaltsamen Tod des Propheten Sacharja, des Sohnes des Barachias (vgl. Sach 1, 1. 7), ist weder aus der Überlieferung noch aus dem AT etwas bekannt. - Nach 2Chr 24, 20 - 22 wurde im Vorhof des Tempels auf Befehl des Königs Joas (836 - 797 v.Chr.) Secharja, der Sohn des Priesters Jojada, gesteinigt, weil er das Volk zur Abkehr vom Götzendienst aufgerufen hatte. - (Im Jahr 67/68 n.Chr., also kurz vor der Zerstörung Jerusalems und des Tempels, war der Priester Zacharias, der Sohn des Baruch, von Zeloten im Tempel ermordet worden.)

[38] Vgl. Jer 22, 5. - Gott zieht sich von eurer Stadt (= aus eurem Haus) zurück, weil

ihr nicht unter seinem Schutz Geborgenheit gesucht habt.

[39] Anspielung auf das Kommen des Menschensohnes am Ende der Zeiten.

Kapitel 24

[1-14] Die folgende 'Parusierede' (siehe die Anm. zum nächsten Vers) enthält viele Redewendungen aus Gerichtsreden alttestamentlicher Propheten.

[3] Matthäus gebraucht als einziger Evangelist den Begriff 'Parusie' (= Anwesenheit, Ankunft). Im Griechischen beschrieb dieser Begriff den Besuch eines Herrschers oder das Erscheinen eines Gottes. Im Neuen Testament bezeichnet die Parusie die Wiederkunft Christi zum Weltgericht (vgl. 1Kor 15, 23; 1Thess 2, 19; Jak 5, 7f; 2Petr 1, 16; 1Joh 2, 28), bzw. die endgültige Ankunft unserer Welt bei ihm.

[15] Zu den 'verwüstenden Greueln' (V.15) vgl. Dan 9, 27; Dan 11, 31; Dan 12, 11.

[20] Nach strenger Auslegung des Sabbatgebotes, durfte an diesem Tag nur eine Strecke von ca. 1,3 km, der sog. 'Sabbatweg' (vgl. Anm. zu Jos 3, 4), zurückgelegt werden. Doch war es nach rabbinischer Auslegung später erlaubt, den Sabbat zu entheiligen, um sein Leben in Kriegswirren oder vor Räubern zu retten (vgl. auch 1Makk 2, 29 - 41).

[27] Der Menschensohn kommt nicht im Verborgenen, in der Wüste oder in der Kammer (V.26), sondern für alle sichtbar, wie der Blitz, der für alle - vom Osten bis nach dem Westen - unübersehbar ist.

[30] Vgl. Dan 7, 12f. - Das Wort der Sure 45,61 aus dem Koran, daß Jesus 'ein Zeichen für die Stunde ' ist, wird oft so ausgelegt, daß Jesus am Ende der Zeiten wiederkehren, die letzten eschatologischen Kämpfe durchführen und die allgemeine Einführung des reinen Eingottglaubens unternehmen werde.

[36] Dieser Vers steht gegen alle Versuche, das Datum für das Ende der Welt zu berechnen!

[38] Vgl. Gen 6, 11 - 19.

Kapitel 25

²⁹ Wer die Gaben, die Gott ihm gegeben hat, treu benützt, erhält noch mehr von Gott. Wer aber seine, wenn auch noch so kleine Gabe unbenutzt liegen läßt, verliert auch diese noch.

⁴⁶ Die Gegenüberstellung 'ewige Strafe'/'ewige Seligkeit' läßt eine abschwächende Deutung des Begriffs 'ewig' nicht zu.

Kapitel 26

¹ In diesem Kapitel macht Matthäus deutlich, daß Jesus immer Herr seines Schicksals war; für ihn ereignete sich nichts Unvorhergesehenes.

¹⁵ Diese Summe sollte dem Eigentümer als Entschädigung für einen Sklaven gezahlt werden, der von einem Tier getötet wurde. - Vgl. Ex 21, 32; Sach 11, 4 - 14.

¹⁷ Die 'Tage der Ungesäuerten Brote' waren vom 14. Nisan, dem Vorabend des Paschafestes, bis zum 21. Nisan.

²³ '...der mit mir die Hand in die Schüssel tunkt' - Während des Paschamahles wurde beim Verzehr der Vorspeise ein gemeinsamer Teller benutzt, der Salzwasser oder eine Fruchtmustunke enthielt.

²⁵ Nach Joh 13, 28 entging die leise von Jesus gegebene Antwort den übrigen Tischgenossen.

²⁶ Zur Problematik der interkonfessionellen Abendmahlfeier:

³¹ Vgl. Sach 13, 7.

[37] Die beiden Söhne des Zebedäus waren Johannes und Jakobus.

[53] Eine Legion umfaßte ca. 6.000 Mann.

[64] Vgl. Ps 110, 1; Dan 7, 13.

[64] 'Galiläer' - einigen Handschriften lesen statt dessen wie in V.71 'Nazoräer'.

[71] 'Nazoräer' - vgl. Anm. zu Mt 2, 23.

Kapitel 27

[2] Ein vom Hohen Rat gefälltes Todesurteil bedurfte der Bestätigung durch den römischen Statthalter. - Pontius Pilatus, Praefectus Iudaeae, wird in den 'Annales' des Tacitus (15,44) erwähnt: 'Daher schob Nero, um dem Gerede ein Ende zu machen, andere als Schuldige vor und belegte die mit den ausgesuchtesten Strafen, die, wegen ihrer Schandtaten verhaßt, vom Volk 'Chrestiani' genannt wurden. Der Mann, von dem sich dieser Name herleitet, Christus, war unter der Herrschaft des Tiberius auf Veranlassung des Prokurators Pontius Pilatus hingerichtet worden.' Auch im 'Jüdischen Krieg' von Josephus Flavius und in den Schriften Philons von Alexandrien wird Pilatus erwähnt. - Vgl. auch die Anm. zu Lk 13, 1.

[8] Vgl. Apg 1, 19.

[10] Das Zitat bezieht sich weniger auf Jer 32, 6 - 15, sondern vielmehr auf Sach 11, 12 - 14; es ist ausschließlich auf die Verwendung der 30 Silberlinge durch die Hohenpriester und Ältesten zu beziehen.

[16] Nach einigen Handschriften wird Barabbas in diesem und im folgenden Vers 'Jesus Barrabas' genannt.

[19] Nach den apokryphen 'Pilatusakten' hieß sie Claudia Procula und war Proselytin.

[26] vgl. Anm. zu Lk 23, 16.

²⁸ Einen scharlachroten Mantel trugen die römischen Liktoren, die Amtsdiener hoher, mit Strafgewalt ausgestatteter, römischer Beamten.

³⁴ Mit dem Wort 'Galle' ist nicht die eigentliche Galle gemeint, sondern eine bittere Flüssigkeit (Myrrhe, vgl Mk 15, 23). Sie wurde Jesus wegen ihrer betäubenden Wirkung gereicht. Da Jesus bei vollem Bewußtsein leiden und sterben wollten, lehnte er den Trank ab. - Ob die Soldaten nach jüdischem (!) Brauch Jesus den Betäubungstrank reichten oder einen von jüdischen Spendern gereichten Becher weitergaben bleibt offen.

³⁵ So sollte das Wort des Propheten in Erfüllung gehen, der da sagt: "Sie teilen meine Kleider unter sich und werfen über mein Gewand das Los', vgl. Ps 22, 19.

⁴⁵ Die 'sechste Stunde' war gegen 12 Uhr mittags; die 'neunte Stunde' gegen 15 Uhr.

⁴⁶ Vgl. Ps 22, 2.

⁵² Wörtlich: '...viele Leiber der entschlafenen Heiligen wurden auferweckt'.

⁵⁶ Die Mutter der Zebedäus-Söhne (Johannes und Jakobus) war Salome.

⁵⁸ Riskant war der Gang zu Pilatus, weil Jesus als politischer Aufrührer von Pilatus verurteilt worden war. - Einem wegen Majestätsbeleidigung Exekutierten wurde gewöhnlich die Ehre der Bestattung verweigert. - Normalerweise durfte die Leiche des Hingerichteten nicht bestattet werden, bevor sie verwest war.

⁶² Der' Tag vor dem Sabbat', der Freitag, wurde 'Rüsttag' genannt, da an ihm Vorbereitungen für den Sabbat getroffen wurden (man 'rüstete' sich am Freitag für den Sabbat).

Kapitel 28

⁷ Der letzte Satz dieses Verses lautet wörtlich übersetzt: 'Siehe, ich habe es euch gesagt.'
¹⁵ Zu der Zeit, da Matthäus sein Evangelium schrieb.
¹⁶⁻²⁰ Vgl. Mk 16, 14 - 18.

Mk

Kapitel 1

[1] Der Name 'Jesus' ist die griechische Form des hebräischen Jeschua, eines bei den Juden häufigen Rufnamens. Die ursprüngliche hebräische Form war Jehoschua, vereinfacht Josue(a); der Name bedeutete 'Jahwe ist Heil', 'Jahwe rettet' (eine deutsche Übersetzung dieses Namens ist das Wort 'Heiland', althochdeutsch 'heilant', sächsisch 'Heliand'). - Aus dem Bekenntnis der Urkirche: 'Jesus ist der Christus' (= der Messias, = der Gesalbte; vgl. die Anm. zu Mt 1, 1) hat sich der Würdename 'Jesus Christus' herausgebildet; er ist die Kurzfassung des ältesten Glaubensbekenntnisses der Christen.

[3] Vgl. Mal 3, 1; Jes 40, 3.

[6] Vgl. 2Kön 1, 8. - Die Kleidung charakterisiert ihn als den von den Rabbinen erwarteten Propheten Elija, der als Vorläufer des Messias auftreten sollte.

[8] Die Johannestaufe sollte versinnbildlichen, daß der Mensch zur Umkehr bereit und so für die Ankunft des Messias vorbereitet ist; die 'Taufe mit Heiligem Geist', die Taufe als Sakrament, hat Jesus gestiftet.

[10] '...der Himmel öffnete sich' - die Bitte des Propheten (Jes 63, 19) ist erhört: Gott verschließt sich nicht vor den Menschen. - '...gleich einer Taube' - Die Taube war der einzige Vogel, der als Opfertier zugelassen war; eine Taube brachte auch Noach das Zeichen, daß die Zeit der Strafe (die Sintflut) vorbei und ein neuer Anfang Gottes mit den Menschen erfolgt sei.

[11] Vgl. Ps 2, 7; Jes 42, 1.

[15] Die vier Punkte sind eine Zusammenfassung der Botschaft Jesu.

[21] Kafarnaum lag an der wichtigen Handelsstraße von Damaskus zum Mittelmeer, hat-

te ein Zollamt und eine Garnison; die Möglichkeiten für die öffentliche Tätigkeit Jesu waren hier besser als in Nazaret.

[24] Zur 'was haben wir mit dir zu tun' vgl. Anm. zu Joh 2, 4.

[25] Jesu Wort macht Menschen frei! - Besessenheit ist als Unfreiheit des Menschen zu verstehen. Der Mensch ist so von fremden Mächten, Ideen, 'Dämonen' in Besitz genommen, daß er nicht mehr frei ist, sich vom Geist Gottes leiten zu lassen. - Bei aller Toleranz vor der Meinung anderer, wird man auch heute Menschen, die andere in von Gott nicht gewollte Unfreiheit und Abhängigkeiten bringen wollen, deren unbelehrbares, verbohrtes und hinterhältiges Wesen sich nur aus dämonischer Besessenheit erklären läßt, meiden bzw. bekämpfen müssen nach der Art Jesu: durch Hören, Befolgen und Verkünden des Wortes Gottes, auch wenn dies am Kreuz endet; dies schließt natürlich nicht aus, daß, sofern dies möglich ist, der 'Besessene' durch eine Therapie geheilt und die von ihm ausgehende Gefahr gebannt werden soll.

[31] Die 'Wunder' Jesu waren 'Zeichen' der anbrechenden Gottesherrschaft; sie zeigen auch, daß die Krankheit nicht unbedingt als gottgewolltes Übel (als Strafe), sondern auch als gottwidriges, von 'Dämonen' bewirktes Geschehen zu sehen ist. - Jesus vollbrachte Wunder nicht, damit man sich über ihn 'wunderte', ihn bestaunte (deshalb werden die sog. 'Wunder' Jesu in den Evangelien fast immer als 'Zeichen', 'Machttaten', 'Werke' bezeichnet), sondern um die Menschen zum Glauben zu bringen, bzw. sie im Glauben zu stärken, daß das Reich Gottes gekommen sei. Die 'Werke' Jesu sollten auch zeigen, daß im Reich Gottes einer für den anderen Sorge trägt, und somit die Glaubenden aufrufen, an der Beseitigung der Not des Nächsten tatkräftig mitzuwirken.

[40] Vgl. Lev 14, 1 - 32. - Aussatz (dazu gehörten auch verschiedene Hautkrankheiten) schloß aus der Gemeinschaft aus; am Gottesdienst in der Synagoge durfte der Aussätzige jedoch teilnehmen. Erst wenn die Heilung durch einen Priester bestätigt wurde, konnte der Kranke in die Gemeinschaft zurückkehren.

[44] Das Schweigegebot sollte verhindern, daß an das Wirken Jesu falsche, 'politische' Messiaserwartungen geknüpft wurden. Erst beim Einzug in Jerusalem (am 'Palmsonntag') ist Jesus als Messias aufgetreten.

Kapitel 2

[4] Eine Treppe führte gewöhnlich von außen auf das flache Dach des niedrigen Hauses. Die Füllung zwischen den Dachbalken bestand aus Reisig und festgestampfter Erde und konnte leicht ausgehoben werden.

[7] Vgl. Lev 24, 16.

[14] Levi ist der Apostel und Evangelist Matthäus.

[18-28] Für die Juden war nur am großen Versöhnungstag das Fasten verpflichtend vorgeschrieben (vgl. Lev 16, 34; Lev 23, 26 - 32); die Pharisäer hielten darüber hinaus zwei Fasttage in der Woche: montags und donnerstags (vgl. Lk 18, 12).

[19] Da hier die Braut nicht erwähnt wird, könnte auch von der 'Vorhochzeit', der Feier, die der Bräutigam noch ohne Braut vor der Hochzeit mit seinen Freunden abhält, gemeint sein.

[26] Vgl. 1Sam 21, 2 - 7. - Der Hohepriester heißt hier Ahimelech; nach 1Sam 22, 20 hieß sein Sohn, nach 2Sam 8, 17 sein Vater Abjatar. - Zum Verbot vgl. Lev 22, 10.

[27] Eine ähnliche Auffassung vertraten die Makkabäer; vgl. 1Makk 2, 29 - 41.

[28] 'Herr sein über ein Gebot' bedeutete im zeitgenössischen Judengriechisch 'Ein Gebot meistern, es richtig auslegen'.

Kapitel 3

[2] Eine ärztliche Handlung war am Sabbat nur bei unmittelbar drohender Lebensgefahr erlaubt.

[6] Die Allianz mit den Anhängern des Herodes hätte sich den Pharisäern eigentlich verbieten müssen, da Herodes von einem Idumäer und einer Samariterin abstammte und mit der Frau seines Bruders in 'blutschänderischer' Verbindung lebte. - Herodes Anti-

pas konnte als Landesfürst von Galiläa, das nicht römische Provinz war, die Todesstrafe verhängen!

[16] Zur Namensänderung vgl. die Anm. zu 2Kön 23, 34.

[17] Den Beinamen 'Donnersöhne' erhielten sie wohl wegen ihrer feurigen, impulsiven Sinnesart, vgl. Mk 9, 38; Mk 10, 35 - 37; Lk 9, 54.

[18] Der Beiname 'Kananäus' (= 'Eiferer' - vom aramäischen qanana) charakterisiert Simon entweder als religiösen Eiferer oder als früheren Anhänger der Zeloten, einer gegen die Römer kämpfenden, religiös- nationalistischen Gruppierung.

[21] Jesu Verwandte konnten seinen religiösen Eifer nicht verstehen. Am eigenen Beispiel zeigt Jesus, daß das Evangelium auch Familienbande zerreißen kann; vgl. Mt 10, 34 - 36; Lk 12, 51 - 53.

[31] Vgl. Anm. zu Mt 12, 46.

Kapitel 4

[1-20] Das Gleichnis handelt von der Einstellung der Menschen gegenüber dem Wort Gottes.

[12] Vgl. Jes 6, 9f. - Während der zum Glauben Bereite durch das Gleichnis die Wahrheit vom Reich Gottes erkennt, bleibt sie für den, der nicht zum Glauben bereit ist, verborgen.

[29] Vgl. Joel 4, 13. - Wie sich der einmal ausgesäte Samen ohne menschliches Zutun gesetzmäßig entwickelt und allmählich reift, so entwickelt sich auch das Reich Gottes dank der ihm innewohnenden göttlichen Kraft und reift stufenweise der Vollendung entgegen.

[37] Der Temperaturunterschied zwischen dem abgekühlten Land und dem Wasser des 208 m unter dem Meeresspiegel liegenden Sees, kann besonders nachts in den Wintermonaten, zu plötzlich auftretenden, gefährlichen Wirbelstürmen führen; deshalb mei-

den die einheimischen Fischer nächtliche Fahrten über den See.

[41] In den Wundern Jesu erfolgt auch eine (Selbst-)Offenbarung. Der Leser eines Wunderberichtes soll sich deshalb über das Geschehene nicht 'wundern', sondern nachdenken: Wer ist dieser? Was will er mir durch sein Tun sagen?

Kapitel 5

[1] Die Lokalisierung des Ortes des Geschehens ist umstritten (zu weiteren Informationen klicken Sie -bei gedrückter Optionstaste - auf 'Gerasener'), jedenfalls lag er auf heidnischem Gebiet. Darauf weist neben der Schweineherde (V.11; den Juden galten Schweine als 'unrein', vgl. Lev 11, 7f), auch die Bezeichnung Jesu als 'Sohn des höchsten Gottes' (V.7; bei den Griechen war damit der 'Vater der Götter und Menschen' Zeus, bei den Römer Jupiter gemeint); der Ausdruck 'höchster Gott' wird in der Septuaginta, der griechischen Übersetzung des AT, nur Heiden in den Mund gelegt.

[2] Matthäus berichtet hier von zwei Menschen, die besessen waren und von Jesus Hilfe erlangten. Markus und Lukas reden nur von dem, der nachher an den Herrn die Bitte um Aufnahme in die Jüngerschaft stellte. - Zur 'Besessenheit' vgl. Anm. zu Mk 1, 25.

[7] Zur 'was habe ich mit dir zu tun' vgl. Anm. zu Joh 2, 4.

[9] Eine römische Legion zählte ca. 6000 Mann.

[23] '...leg ihm die Hände auf' - Schon im AT war die Handauflegung eine kultische Geste, durch die Segen und Vollmacht übertragen wurde; auch Zeichen des Schutzes und der Inbesitznahme. Bei der Sakramentenspendung (Taufe, Firmung, Krankensalbung, Weihe und - verkürzt als Handerhebung - auch beim Bußsakrament) ist sie noch heute als Geist und Vollmacht mitteilende Geste von Bedeutung.

[25] Vgl. Lev 15, 25 - 30.

[39] '...es schläft nur' - Jesu Rede ist eschatologisch gemeint: der Tod ist vorläufig, ein Schlaf, der Auferweckung entgegen.

Kapitel 6

[3] Daß Josef nicht genannt und Jesus als 'Sohn Marias' bezeichnet wird, scheint darauf hinzuweisen, daß Josef nicht mehr lebte. - Jakobus war später der Leiter der Gemeinde in Jerusalem, von Judas stammt einer der apostolischen Briefe des NT; über Joses und Simon ist nichts weiter bekannt - über die Schwestern gar nichts; vgl. auch Anm. zu Mt 12, 46.

[5] Waren die Voraussetzungen für den Glauben nicht vorhanden, war das 'Wunder' sinnlos. Deshalb konnte Jesus auch in Nazaret keine Machttaten vollbringen. Einige Heilwunder vollbrachte er, weil ihm in diesen Fällen Glaube entgegengebracht wurde. Vgl. Anm. zu Mk 1, 31.

[11] Den Staub schüttelten die Israeliten von ihren Sandalen bzw. Kleidern, wenn sie aus einem heidnischen Land heimkehrten.

[13] Die Salbung mit Öl war im Altertum bei der Krankenpflege allgemein üblich. - Nach der Erklärung des Konzils von Trient wird an dieser Stelle das Sakrament der Krankensalbung vorbedeutet.

[18] Vgl Anm. zu Mt 14, 4.

[20] Die Vulgata übersetzt: 'Er nahm ihn in Schutz, tat vieles auf sein Wort hin und hörte ihn gern.'

[22] '...die Tochter eben jener Herodias' - war Salome, ihr Vater war Herodes 'ohne Land', den ihre Mutter wegen Herodes Antipas verlassen hatte. - Salome heiratete später ihren Onkel Herodes Philippus und nach dessen Tod - die Ehe war kinderlos geblieben - ihren Vetter Aristobulus v. Chalkis, dem sie drei Kinder gebar. - Nach der Legende sollen ihr, als sie auf einem zugefrorenen Fluß einbrach, Eisschollen den Kopf abgeschnitten haben.

[27] Johannes wurde in der Feste Machäus, östlich des Toten Meeres an der südlichen Grenze von Peräa gelegen, gefangengehalten und um 30 n.Chr. hingerichtet.

³⁸ Gerstenbrot und Fisch war die normale Nahrung der galiläischen Bevölkerung am See.

⁴⁸ Vgl. Anm. zu Mt 14, 25.

Kapitel 7

³ Dieser und der folgende Vers sind als Erklärung für die heidenchristlichen Adressaten des Mk-Ev gedacht, denen die jüdischen Vorschriften unbekannt waren. - Es handelte sich hier nicht um hygienische sondern um rituelle, kultische Waschungen. Die Berührung mit kultisch 'Unreinem' machte 'kultunfähig', d.h. schloß aus der Begegnung mit Gott, vom Offenbarungsempfang, Opfer, Gottesdienst und aus der geheiligten Gemeinschaft aus.

⁶ Vgl. Jes 29, 13.

¹⁰ Vgl. Ex 20, 12; Ex 21, 17.

¹² Durch das 'Korbangelübde' (ein Verbotsgelöbnis), wird der Genuß oder die Nutznießung eines Gegenstandes einem Menschen verboten, indem jemand den Genuß seines Eigentums sich selbst oder einem anderen entzog. War der Sohn mit seinen Eltern verfeindet oder ein habsüchtiger Egoist, konnte er erklären, daß jede Leistung, auf die seine Eltern einen Anspruch hatten, für sie wie eine Opfergabe (Korbán) sein solle. Damit verloren die Eltern für immer alle Unterstützungsansprüche gegenüber dem Sohn. - Der Gelobende verpflichtete sich dabei zu nichts. - Nicht einmal ein solches im Zorn gemachte Gelübde konnte nach der Lehre der Schriftgelehrten rückgängig gemacht werden, weil Gelübde als unauflöslich galten.

²⁴ Das Gebiet um Tyrus am Mittelmeer und an der nördlichen Grenze Galiläas war 'heidnisches' Gebiet.

²⁶ 'Griechin', d.h. Heidin. - Als 'Syrophönizier' bezeichnete man die Phönizier der römischen Provinz Syrien im Gegensatz zu denen von Karthago oder Libyen; Matthäus stellt sie mit der alttestamentlichen Bezeichnung als 'kanaanäische Frau' vor (vgl. Mt 15, 22).

[27] Vgl. dazu Röm 11, 11 - 24.

Kapitel 8

[1-9] Schon im vorigen Kapitel war von der Begegnung Jesu mit Heiden, von der Zulassung der Heiden zum Heil die Rede. In dieser Perikope deutet Markus die Zulassung der Heiden zum eucharistischen Mahl an. Das Mißtrauen, das die Pharisäer Jesus entgegenbrachten (V 11 ff.), darf nicht die Jünger beherrschen (V 14 - 21) und zur Ablehnung des Heilswirkens Jesu den Heiden gegenüber führen.

[15] 'Sauerteig der Pharisäer und des Herodes' - Die Warnung Jesu bezieht sich wohl auf 'politische' Messiaserwartungen der Pharisäer und politische Ambitionen von Herodes.

[22] Vgl. auch Mt 11, 21.

[26] Die Vulgata übersetzt: 'Geh nach Hause, und wenn du in das Dorf kommst, sag es niemand.'

[31] Die drei Instanzen entsprechen den im Synedrion, dem 'Hohen Rat', vertretenen Gruppen.

[33] Vgl. Anm. zu Mt 16, 23.

Kapitel 9

[1] Nach dem Pfingstfest begann das Reich Gottes sich machtvoll auszubreiten und zu entfalten. Das haben viele erlebt, zu denen Jesus damals redete, vor allem die Apostel.

[13] Hätte Elija (- Johannes der Täufer) alles wiederherstellen können, hätte Jesus nicht leiden müssen. Da man mit ihm aber gemacht hat, was man wollte, muß der Messias in der nicht wiederhergestellten Welt leiden und sterben; aber er wird auch auferstehen.

[17] Zur 'Besessenheit' vgl. Anm. zu Mk 1, 25.

[23] Die Vulgata übersetzt: 'Wenn du glauben kannst. Dem, der glaubt, ist alles möglich.'

[32] Die Apostel begriffen nicht, wie sich das Leiden des Messias mit der Verwirklichung des messianischen Reiches vereinbaren lasse.

[43] Zu 'Hölle' (= Gehenna) vgl. die Anm. zu Jer 7, 31.

[49] Das Salz bewahrt vor der Verderbnis, das Feuer läutert (es scheidet das wertvolle Gold vom wertlosen Gestein).

Kapitel 10

[4] Vgl. Dtn 24, 1. - Um die Frau zu verstoßen, reichte nicht eine einfache Willenserklärung des Mannes - er mußte ihr den Scheidebrief ausstellen. In der von zwei Zeugen unterschriebenen und vor ihnen der Frau überreichten Urkunde wurden die Gründe der Entlassung nicht genannt. Bei Wiederheirat schützte das Papier die Frau vor dem Vorwurf des Ehebruchs.

[8] '...die zwei werden ein Leib' d.h. eine unauflösliche, leib-seelische Lebensgemeinschaft.

[11] '...bricht ihr gegenüber die Ehe' - Nach jüdischem Rechtsdenken, konnte der Mann nur die Ehe eines anderen Mannes, nicht aber die eigene brechen.

[19] '...vorenthalten' - gemeint ist wohl vor allem der verdiente Lohn des Tagelöhners, vgl. Dtn 24, 14;Lev 19, 13.

[22] Die Einhaltung der Gebote, die den Reichtum nicht antastet und Liebe zu Gott und zum Nächsten weder fordert noch ermöglicht, ist zu wenig.

[32] Die Entschlossenheit, mit der Jesus voranschreitet, läßt die Jünger erschrecken und versetzt die Nachfolgenden in Bestürzung.

[38] '...mit der Taufe getauft werden, die ich empfange' - Die Taufe, das Untertauchen, das in-der-Flut-versinken, ist hier als Symbol für die tödliche Bedrohung, die Jesus bevorsteht, zu verstehen.

[39] Herodes Agrippa ließ Jakobus 44 n.Chr. enthaupten, vgl. Apg 12, 2.

[46] Nach Mt 20, 29 - 34 waren es zwei Blinde. Markus und Lukas erwähnen nur den einen, der den ersten Christen bekannt und der Wortführer gewesen war.

Kapitel 11

[10] Vgl. Ps 118, 25f. - 'Hosanna' = Lob, Ruhm; aber auch: Hilf doch!

[14] Die Verfluchung des Feigenbaums wird als Symbol für die Verwerfung Jerusalems bzw. Israels verstanden; unter dem trügerischen Blätterschmuck äußerlicher Religionsübungen verbirgt sich religiöse Unfruchtbarkeit.

[15] Vgl. Anm. zu Mt 17, 24.

[16] Da der kürzeste Weg vom westlichen zum östlichen Stadttor über den Tempelplatz führte, gingen manche mit ihren Lasten durch den Tempelvorhof, um sich den Weg abzukürzen.

[17] Vgl. Jes 56, 7.

[26] Späterer Zusatz, der nicht in allen Handschriften überliefert ist, wahrscheinlich von Mt 6, 15 beeinflußt.

Kapitel 12

[10] Die Bauleute, die gerade den wichtigsten Stein wegwerfen, sind die religiösen Führer des Volkes, die den Sohn Gottes verwerfen. Gleichwohl ist dieser der Eckstein, das maßgebende Bindeglied einer aus Juden und Heiden bestehenden Weltkirche.

[11] Vgl. Ps 118, 22f.

[14] Da die Steuer mit römischen Münzen zu entrichten war, diese aber das Bildnis des 'göttlichen' Kaisers trugen, war die Zahlung der Steuer für fromme Juden auch ein religiöses Problem.

[17] Was aber wem 'gehört', entscheidet nicht der Kaiser, sondern Gott.

[19] Vgl. Dtn 25. 5f.

[26] Vgl. Ex 3, 1 - 6.

[30] Vgl. Dtn 6, 4f.

[31] Vgl. Lev 19, 18.

[33] Vgl. 1Sam 15, 22f.

[36] Vgl. Ps 110, 1.

[40] Wörtlich: 'Sie fressen die Häuser der Witwen'.

[42] Das Lepton war die kleinste griechische, der Quadrans die kleinste römische Münzeinheit.

Kapitel 13

[14] Eine sichere Deutung des ersten Teils dieses Verses ist heute nicht mehr möglich. - Zu Beginn des jüdisch- römischen Krieges, der 70 n.Chr. mit der Zerstörung Jerusalems und des Tempels endete, emigrierte die jerusalemer Christengemeinde nach Pella in der Dekapolis.

[19] Wörtlich: 'Denn sein werden jene Tage eine 'Drangsal', wie nicht geschehen ist eine solche von Anbeginn der Schöpfung´, die geschaffen hat Gott, 'bis jetzt' (vgl. Dan 12, 1) und auch nicht soll geschehen.'

[26] Vgl. Dan 7, 12f.

[30] Antwort Jesu auf die Frage der Jünger nach der Zeit der Zerstörung Jerusalems (Vers 4).

[32] Zur Heilsverkündigung Jesu gehörte nur die Tatsache, nicht der Zeitpunkt des Gerichts.

Kapitel 14

[1] Das Paschafest begingen die Juden am 14. Nisan, 14 Tage nach dem ersten Frühlingsneumond. Die Feiern dauerten sieben Tage. Am Vormittag des 14. Nisan wurde der Sauerteig aus den Häusern entfernt, am Nachmittag das Paschalamm geschlachtet (s. Vers 12) und am Abend das Paschamahl gehalten.

[3] Das wohlriechende Nardenöl wurde aus der Blüte der Narde, einer indischen Pflanze, gewonnen.

[8] Jesus erklärt, sein Tod stehe so nahe bevor, daß diese Salbung bereits als Salbung für sein Begräbnis angesehen werden könne.

[13] Der Wasserkrug war ein Erkennungszeichen; Männer benutzten zum Wassertransport normalerweise Lederschläuche, Frauen dagegen trugen das Wasser in Krügen (auf

dem Kopf).

[14] Jesus hatte mit dem ihm befreundeten Hausherrn eine Verabredung getroffen. Wahrscheinlich handelte es sich um das Elternhaus des Evangelisten Markus (vgl. Apg 12, 1. 5. 11f).

[20] Während des Paschamahles tunkten alle Teilnehmer Brot in die gemeinsame Schüssel mit Fruchtmus.

[22] Zur Problematik der interkonfessionellen Abendmahlfeier vgl. die Anm. zu Mt 26, 26.

[24] Zu 'Blut des Bundes' vgl. Ex 24, 8.

[26] Jesus kehrte nicht nach Betanien zurück, da man nach damaliger Exegese von Dtn 16, 5 - 7 die Paschanacht in Jerusalem verbringen mußte; der Ölberg gehörte noch zum erweiterten Stadtbezirk.

[51] Dieser Jüngling war wohl der Evangelist Markus selbst.

[53] Der 'Hohe Rat' war das große, aus 70 Priestern und Laien bestehende Synedrion (= Sitzung) in Jerusalem, die höchste politische und gerichtliche Behörde des Judentums, die bald nach dem babylonischen Exil dem Hohenpriester, der geistliches und oft auch weltliches Oberhaupt war, zur Seite stand und unter seinem Vorsitz entschied, was sich die Römer nicht ausdrücklich vorbehalten hatten; Todesurteile mußten vom römischen Prokurator bestätigt werden.

[58] In den apokalyptischen Vorstellungen des Frühjudentums ist davon die Rede, daß nach der Zerstörung des alten Tempels durch die Feinde Israels der Messias einen neuen bauen, niemals jedoch, daß er selbst den alten abreißen werde.

[62] Vgl. Ps 111, 1; Dan 7, 13. - Der 'Menschensohn' wird kommen als Richter!

[66-71] Die 'Verleugnung Petri' wurde in der Kirche bedeutsam bei der Behandlung der Frage: Wie soll man sich denen gegenüber verhalten, die in Zeiten der Verfolgung schwach geworden und den Glauben verleugnet haben?

Kapitel 15

[7] Mit den Aufständischen sind wahrscheinlich Zeloten gemeint; von dem Aufruhr ist sonst nichts bekannt - kleinere Aufstände waren damals an der Tagesordnung. - Barabbas wird vom Evangelisten nicht mit dem Mord in Verbindung gebracht!

[15] Vgl. Anm. zu Lk 23, 16.

[20] Nach römischem und jüdischem Recht waren Exekutionen außerhalb der ummauerten Stadt durchzuführen.

[21] Alexander und Rufus waren den römischen Christen bekannt (vgl. Röm 16, 13); darum nennt sie Markus.

[23] Vgl. Anm. zu Mt 27, 34.

[25] Die 'dritte Stunde' war gegen neun Uhr, die 'sechste Stunde' (V.33) gegen 12 Uhr und die 'neunte Stunde' gegen 15 Uhr.

[28] Dieser Vers ist - wohl in Anlehnung an Lk 22, 37 - von späteren Abschreibern dem Text hinzugefügt worden.

[34] Vgl. Ps 22, 2 - In Dunkel der 'Gottverlassenheit' wendet sich Jesus mit den Worten des Psalmisten im Gebet an den Vater.

[35] Elija gilt im jüdischen Volksglauben als Nothelfer, der dem Gerechten in der Todesstunde beisteht und ihm Trost und Rettung in der Not bringt. - Die Spötter sind, da sie Elija kennen, wohl Juden. Durch das Darreichen des durststillenden und erfrischenden Weines wollte man Jesu Leiden eher verlängern.

[38] Ein Vorhang trennte das Allerheiligste vom Heiligen, ein anderer das Heilige von der Vorhalle (dieser ist hier wohl nicht gemeint). Zur theologischen Bedeutung vgl. Hebr 9, 8; Hebr 10, 19 - 22. - Bei jüdischen Historikern finden sich dazu keine Angaben.

[43] Vgl. Anm. zu Mt 27, 58.

[44] Der Tod des Gekreuzigten trat oft erst nach Tagen ein; deshalb die Befragung des

Zeugen.

Kapitel 16

[8] Mit V.8 bricht die Erzählung des Markus plötzlich und gänzlich unvorbereitet ab. Was folgt, ist sowohl als summarische Andeutung dessen, was sich (nach dem Zeugnis der anderen Evangelisten) noch alles begeben hat, wie auch dem Stil und Wortschatz nach dem Markus so unähnlich, daß der Text als spätere Ergänzung (doch vor 150 n.Chr., da ihn Justinus der Märtyrer kennt) und nur notdürftiger Abschluß des Markusevangeliums zu betrachten ist. Dafür spricht ganz entschieden, daß die beiden ältesten Markushandschriften den Text nicht kennen, sondern mit V.8 abschließen. Da weder glaubhaft ist, Markus habe sein Evangelium absichtlich mit V.8 enden lassen (Wozu dann die Ankündigung der galiläischen Erscheinung Jesu? Wie kann eine Niederschrift der Frohbotschaft - zu liturgischen und missionarischen Zwecken - mit 'Furcht' enden wollen?); da ebenso uneinsichtig bleibt, man habe den Schluß des Markus absichtlich entfernt; da schließlich auch nur wenig wahrscheinlich ist, die letzten Blätter des Originals seien sehr früh (bevor Matthäus und Lukas geschrieben haben, die sie nicht mehr kennen, also vor 70/80 n.Chr.) verloren gegangen (Hätte man das Verlorene nicht wenigstens im großen und ganzen aus dem Gedächtnis sogleich wieder niedergeschrieben?) - so bleibt als befriedigende Lösung des 'Markusschluß-Problems' wohl nur, daß Markus an der beabsichtigten Niederschrift seiner Schlußkapitel (durch den Tod?, durch die ausbrechende Verfolgung in Rom?) gehindert worden ist, vielleicht auch an der stilistischen Überarbeitung des ganzen Evangeliums, was wenigstens die gröbsten Ungeschicklichkeiten in der Darstellung erklären könnten. (Schiwy)

Lk

Kapitel 1

[4] Nach der Art griechischer Geschichtsschreiber spricht sich der Evangelist in den ersten vier Versen seines Evangeliums in Form einer Vorrede über Plan, Methode und Zweck seiner Schrift aus.

[11] '...ein Engel des Herrn' - Von der Wortherkunft her, ist der 'Engel' (gr. angelos) ein Bote. Er vermittelt, dem Menschen, was dieser nicht zu schauen vermag. Wie in der griechischen Tragödie der Botenbericht dem Zuschauer ersetzte, was er nicht sah, die Enge des vordergründig Darstellbaren sprengte und das Geschehen auf der Bühne mit den großen Weltereignissen hinter der Szene in Verbindung brachte und hielt, so zeigt der 'Engel' die Verbindung des Erfahrbaren mit der ursächlichen, das menschliche Heil stiftenden göttlichen Wirklichkeit - das, was nur im Glauben erkannt werden kann.

[25] Kinderlosigkeit galt bei den Juden als eine schwere Prüfung.

[26] Nach dem Koran sagte der Engel zu Maria, die von ihrer Mutter Gott gelobt, in einer Zelle aufgewachsen und geheimnisvoll von Gott gespeist und getränkt worden war: 'O Maria, siehe, Gott verkündet dir ein Wort von sich. Sein Name ist der Messias, Jesus, Sohn der Maria, angesehen hienieder und im Jenseits und einer der Gott Nahegebrachten...' Und Maria akzeptierte das göttliche Wort ohne Widerspruch. (Sure 3,31-45). - Der Engel Gabriel, 'der Geist', hauchte die junge Maria an. Die Jungfrau, die an einem einsamen Ort Zuflucht gesucht hatte, ergriff in ihren Wehen einen verdorrten Palmbaum, der süße Datteln über sie schüttete. Zu den Ihren zurückgekehrt, wird Maria der Unmoral beschuldigt, aber während sie schweigt, bezeugt der neugeborene Jesus in der Wiege die Unschuld seiner Mutter. (Sure 19,11 ff.) - Die Worte, die das Jesuskind nach koranischer Aussage (Sure 19,29 f) sprach, lauten: '¿...Siehe, ich bin Gottes Diener; gegeben hat er mir das Buch, und er machte mich zum Propheten, und er machte mich gesegnet, wo immer ich bin, und befahl mir Gebet und Almosen, solange ich lebe, und Liebe zu meiner Mutter, und nicht machte er mich hoffärtig und

unselig. Und Frieden auf den Tag meiner Geburt und auf den Tag, da ich sterbe, und den Tag, da ich auferweckt werde.¡ - Und das ist Jesus, der Sohn Marias, das Wort der Wahrheit, das sie bezweifeln.' - Der Glaube an die Jungfrauengeburt ist daher auch bei den Muslimen fest verwurzelt. - Der Islam anerkennt und verehrt Jesus jedoch nicht als Gottessohn (Sure 19,35: 'Nicht steht es Gott zu, einen Sohn zu zeugen.') - Über Jesus handelt der Koran in 108 Versen in 15 Suren. Jesus ist nach dem Koran nur Mensch, irdisches und sterbliches Geschöpf, dem weder Gottähnlichkeit noch Gottgleichheit zugesprochen werden kann. Der Koran widerspricht den Berichten, Jesus sei gekreuzigt worden, und er streitet gegen jede Art von Christuskult. Jesus im Koran ist ausschließlich Diener und Prophet Gottes, ein 'Zeigefinger' auf Gott, der sich nicht selbst in den Mittelpunkt seiner Botschaft gestellt hat.

[28] Im Griechischen sagte man bei der Begrüßung: 'Chaire!' = 'Freue dich!' (was auch als 'Sei gegrüßt!' - nach dem lateinischen 'Salve' - übersetzt wird); im Aramäischen grüßte man, wie Jesus nach der Auferstehung seine Jünger gegrüßt hat: 'Friede mit euch!' - Lukas benutzt die Grußformel im alttestamentlichen Sinn als Ankündigung einer Frohen Botschaft Gottes (vgl. Zef 3, 14). - Einige Handschriften fügen hinzu: 'Du bist gesegnet unter den Frauen.'

[31] Weil Maria auserwählt war, durch die Kraft des Heiligen Geistes Mutter des ewigen Gottessohnes zu werden, war sie 'voll der Gnade'. - In den Augen der Kirchenväter besaßen die Entstehung der Welt und die geheimnisvolle Stunde von Nazaret, in der der Engel bei einem jungen Mädchen eingetreten war, dasselbe Gewicht, beide Ereignisse waren für sie kosmische Pendants von makelloser Symmetrie: Wie Gott aus dem Nichts die Welt schuf, die sich dann von ihm abwandte, so schuf er gleichfalls aus dem Nichts, ohne Mitwirkung eines Mannes, im Leib der Jungfrau seinen Sohn, um diese Welt zu sich zurückzuholen - eine Art 'Erlösungs-Rochade', in der Gott Mensch wird, um den Menschen vergöttlichen zu können. - Das Gegenstück zum Beginn der Genesis- 'Im Anfang schuf Gott Himmel und Erde' - ist der berühmte Prolog des Johannes-Evangeliums - 'Im Anfang war das Wort' -, hier erklärt auch der Evangelist, was bei der Verkündigung der Geburt Jesu geschah: 'Und das Wort ist Fleisch geworden.' - Vgl. die Anm. zu Joh 1, 14. - Die Kirche feiert deshalb das Fest der Verkündigung am 25. März, an dem Tag, an dem Gott nach alter jüdischer Tradition das Werk der Weltschöpfung begann. Indem sie dieses Datum als den Tag annahm, an dem Maria auf Ankündigung des Engels ihren Sohn vom Heiligen Geist empfing, ergab sich der 25. Dezember neun Monate später als Geburtstag von selbst.

[39] Nach der Überlieferung lebten Elisabet und Zacharias in Ain Karim, zwei Stunden

westlich von Jerusalem.

⁴⁶⁻⁵⁵ Dieser Lobgesang wird nach dem Anfangswort in der Vulgata 'Magnifikat' genannt.

⁶⁸⁻⁷⁹ (Übersetzung nach dem 'Stundenbuch') Der Lobgesang des Zacharias wird nach dem Anfangswort in der Vulgata 'Benediktus' genannt.

⁷⁸ '...wird uns besuchen das aufstrahlende Licht aus der Höhe' - wörtlich: '...mit der er uns heimsuchen wird als Aufgang aus der Höhe' - vgl. dazu die Anm. zu Sach 3, 8.

Kapitel 2

² Außer der hier genannten Volkszählung kennt Lukas (Apg 5, 37) noch eine zweite, die unter demselben Quirinius um 6 n.Chr. stattfand. Solche Volkszählungen fanden alle 14 Jahre statt. Die Volkszählung war mit der Vermögensschätzung für die Erhebung von Steuern verbunden.

⁶ Vgl. die Anm. zu Lk 1, 31.

⁷ Der Ausdruck 'Erstgeborener' bezeichnet im biblischen Sprachgebrauch, daß auf den Sohn Marias die gesetzliche Bestimmung über die Erstgeborenen (Ex 13, 2) zutraf.

¹⁴ Durch die Menschwerdung des Sohnes Gottes ist der Menschheit Gottes Wohlgefallen und Huld wieder geschenkt. Das lateinische Wort 'bona voluntas' (= guter Wille) bezeichnet hier wie auch Phil 2, 13; Ps 5, 13; Ps 51, 12. 20f den von Gott angeregten guten Willen.

²³ Vgl. Ex 13, 1f. 11 - 16.

²⁴ Vgl. Lev 12, 2f. 6 - 8.

⁴² Vom vollendeten zwölften Lebensjahr an war jeder Israelit verpflichtet, jährlich an den Hochfesten nach Jerusalem zu pilgern.

⁴⁸ '...gerieten sie außer sich' - vor Freude.

⁴⁹ Jesus erklärt, daß allein der Wille des himmlischen Vaters für ihn bestimmend sei, vor dem Vater und Mutter unbedingt zurücktreten müssen.

Kapitel 3

² Der amtierende Hohepriester war Kajaphas (vgl. Joh 11, 49), der einflußreichere der frühere Hohepriester Hannas.

⁴⁻⁵ Vgl. Jes 40, 3 - 5.

²³⁻³⁸ Die 77 Namen im 'Stammbaum Jesu' hat Lukas aus Listen zusammengestellt, die teilweise auch Matthäus benutzt hat, einen Teil der Namen bezog Lukas jedoch aus uns unbekannten Quellen.

Kapitel 4

⁴ Vgl. Dtn 8, 3.

⁵ Mt 4, 8 spricht von einem 'hohen Berg'.

⁸ Vgl. Dtn 5, 8 - 10; Dtn 6, 13f.

¹⁰ Vgl. Ps 91, 11f.

¹² Vgl. Dtn 6, 16.

¹⁸⁻¹⁹ Vgl. Jes 61, 1f.

²¹ Jetzt ist die Gnadenzeit der Erlösung angebrochen, von der das alle fünfzig Jahre

wiederkehrende Gnaden- und Jubeljahr (Lev 25) ein Vorbild war.

[22] '...die Worte von der Gnade' - man könnte auch übersetzen: '...die anmutsvollen Worte'.

[25] '...drei Jahre und sechs Monate' - vgl. Anm. zu Offb 11, 2.

[26] Vgl. 1Kön 17, 8 - 24.

[27] Vgl. 2Kön 5, 1 - 27. - Wie Elija und Elischa unter ihren Landsleuten keine Wunder wirkten, weil sie bei ihnen keinen Glauben fanden, so auch Jesus nicht in seiner Vaterstadt.

[34] Zur 'was haben wir mit dir zu tun' vgl. Anm. zu Joh 2, 4.

Kapitel 5

[11] Da sie schon früher Jesus als Messias erkannt hatten (vgl. Joh 1, 35 - 51), erklärt sich ihre sofortige Bereitschaft, Jesus nachzufolgen.

[38] Einige Textzeugen fügen hinzu: 'dann hält sich beides.'

[39] Viele sperren sich gegen das Neue und bleiben lieber beim Alten. Die Christen mußten sich auf das Nebeneinander mit den beim Alten Verharrenden einstellen.

Kapitel 6

[14] Zur Namensänderung vgl. die Anm. zu 2Kön 23, 34.

[15] 'Zelot' = Eiferer, vgl. Anm. zu Mk 3, 18.

[16] '...Judas, den des Jakobus' kann bedeuten: 'den Sohn' oder 'den Bruder des Jakobus' - im letzteren Fall wäre Judas wohl als Bruder von Jakobus dem Jüngeren gekennzeichnet.

[17-49] Die Bergpredigt bei Lukas (eigentlich die 'Predigt auf dem Feld') ist viel kürzer als bei Matthäus; Lukas übergeht das, was speziell jüdische Leser betraf.

[24-25] Dieses 'Wehe' trifft jene 'Reichen', die wie der reiche Tor (Lk 12, 16 - 21) ihr Genüge an irdischen Gütern finden, jene 'Satten', die wie der reiche Prasser (Lk 16, 19 - 31) ihre Seligkeit in irdischen Genüssen suchen, jene 'Lachenden', denen jeder sittliche Ernst fehlt.

[38] '...in den Schoß schütten' - im geschürzten Gewand konnte es nach Haus getragen werden.

Kapitel 7

[27] Vgl. Mal 3, 1.

[35] Die 'Weisheit (Gottes)' wird von denen verstanden und befolgt und damit 'gerechtfertigt', die sich ihres Angewiesenseins auf die Gnade Gottes bewußt sind, nicht aber von denen, die sich überheblich in ihrer Selbstgenügsamkeit Gottes Tun gegenüber verschließen.

[37] Die ungenannte Sünderin ist nicht mit Maria Magdalena, die von Lukas erst im nächsten Kapitel (Lk 8, 2) vorgestellt wird, auch nicht mit Maria aus Betanien, der Schwester des Lazarus, gleichzusetzen.

[38] Zu Tisch lag man auf Polstern ohne Schuhe; die Füße waren also rückwärts ausgestreckt.

Kapitel 8

[10] Die 'Geheimnisse des Reiches Gottes' kann nur der erkennen, der sich im Glauben dem Wort Gottes, bzw. Jesu öffnet. Wer nicht bereit zum Glauben ist, kann sehen, aber nicht erkennen, hören, aber nicht verstehen.

[18] Jesus fordert die Jünger auf, die Heilswahrheiten, die bisher vorzugsweise im engen Jüngerkreis mitgeteilt wurden, überall zu verkünden. Darum sollen sie bemüht sein, diese sich sorgfältig anzueignen. Sonst ergeht es ihnen nach der Erfahrung: Arme werden immer ärmer, Reiche immer reicher. Wer die Weisheit (Vers 10) hat, wird darin wachsen; wer sie nicht hat, dem wird auch das genommen, was er als 'Weisheit' angesehen hat.

[19] Vgl. Anm. zu Mt 12, 46.

[23] Vgl. Anm. zu Mk 4, 37.

[27] Matthäus spricht von zwei Besessenen, Markus und Lukas nur von einem - von dem, der Jesus nachfolgen wollte. - Zur 'Besessenheit' vgl. Anm. zu Mk 1, 25.

[28] Zur 'was habe ich mit dir zu tun' vgl. Anm. zu Joh 2, 4.

[33] Jesus beherrscht die 'dunklen Mächte', hat sie aber nicht vernichtet (sie sind nicht außer Landes oder in den Abgrund verbannt worden); man muß mit ihnen rechnen. Sie können aber nicht den beherrschen, der dem Wort Jesu glaubt und ihm sich unterwirft.

[52] Vgl. Anm. zu Mk 5, 39.

Kapitel 9

[5] Vgl. Anm. zu Mk 6, 11.

[21] Da im Volk eine 'irdisch' gesinnte, politische Messiaserwartung weit verbreitet war (vom Messias erhoffte man sich Befreiung vom römischen Joch und Herrschaft über

'die Völker'), verbietet Jesus den Aposteln, offen von seiner messianischen Würde zu sprechen; er wollte keine falschen Hoffnungen wecken. Damit sich die Aposteln nicht falschen Erwartungen hingeben, folgt die Belehrung in Vers 22!

[27] Sie werden noch die Gründung und Ausbreitung des Reiches Gottes auf Erden erleben.

[31] 'Sein Ende' - gemeint ist der Tod Jesu am Kreuz, der im Alten Testament vorausverkündet war, die Erlösungstat, die er freiwillig vollbrachte.

[45] Da nach Meinung der Juden die messianischen Weissagungen nicht auf einen leidenden und sterbenden, sondern auf einen glorreichen Messias lauteten, konnten sich die Jünger mit diesem Ausspruch nicht zurechtfinden.

[51] Seine Aufnahme in die Herrlichkeit des Vaters.

[53] Die Samariter sahen im Gegensatz zu den Juden den Berg Garizim, in der Nähe von Sichem, als die einzige rechtmäßige Kultstätte an und waren den nach Jerusalem pilgernden Juden feindlich gesinnt.

[54] In einigen alten Handschriften endet der Vers mit dem Zusatz: 'wie es auch Elija getan hat'. - Vgl. 2Kön 1, 8 - 10.

[55] Der in Klammern gesetzte Teil des Verses ist nicht in allen alten Handschriften enthalten; er entspricht Lk 19, 10.

Kapitel 10

[4] Der Jünger soll unterwegs sein ganzes Vertrauen auf Gottes Vorsehung setzen und sich nicht in Gespräche verwickeln, aufhalten und von seiner Aufgabe ablenken lassen.

[11] Vgl. Anm. zu Mk 6, 11.

[21] Den Demütigen offenbart Gott die Geheimnisse seines Reiches.

²² Den Vater oder den Sohn zu erkennen, setzt immer die Gnade Gottes und die Offenheit des Menschen für sie voraus.

³⁴ Wein (= desinfizierender Alkohol) und Öl waren damals die gewöhnlichen Heilmittel.

Kapitel 11

¹⁻⁴ Lukas gibt das Gebet in einer auf fünf Bitten gekürzter Fassung wieder; das heute allgemein gebräuchliche »Vaterunser« stammt aus Mt 6, 9 - 13.

¹⁹ Vgl. Anm. zu Mt 12, 27; Anm. zu Mk 1, 25

²⁸ Selig ist Maria vor allem, weil sie das Ewige Wort Gottes geistigerweise aufnahm, sein Wort bewahrte und befolgte.

³⁶ Wie das gesunde Auge dem Menschen das natürliche Licht vermittelt, so das gesunde geistige Auge, das lautere Herz, das übernatürliche Licht der Wahrheit, das Jesus selbst ist. In seinem Licht wird der Mensch alles ganz neu und richtig beurteilen können.

⁴¹ Nicht die äußere, rituelle Reinheit, sondern die Reinheit des Herzens vor Gott ist entscheidend.

⁴⁸ Die 'Billigung' der Tat ihrer Väter ist vor allem darin zu sehen, daß sie auf lebende Propheten nicht hören und sie nicht achten; nur tote werden geehrt: So hegen sie die prophetenmörderische Denkungsart ihrer Vorfahren.

⁴² Die Raute war eine aus Griechenland eingeführte Gewürz- und Heilpflanze, die nicht zehntpflichtig war.

⁵¹ Vgl. Gen 4, 8 - 10; 2Chr 24, 20 - 22.

Kapitel 12

⁵ Zu 'Hölle' (= Gehenna) vgl. die Anm. zu Jer 7, 31.

⁶ Wörtlich: '...für zehn As' - Das As war die gewöhnlichste Kupfermünze (altlateinisch: assarius). Vgl. auch Jes 49, 14 - 16.

³⁸ Die (zwölfstündige) Nacht (von sechs Uhr abends an) teilten die Juden in drei 'Wachen' ein (die Römer in vier). Die zweite Nachtwache ist also die Zeit zwischen 22 Uhr und 2 Uhr, die dritten Nachtwache zwischen 2 und 6 Uhr morgens.

⁵⁰ '...eine Taufe auf mich zu nehmen' - die Leiden, die über ihm - wie das Wasser bei der Taufe über dem Getauften - zusammenschlagen und ihn ganz umfassen.

Kapitel 13

¹ Als Pilatus 35 n.Chr. ein ähnliches Verbrechen an den Samaritern beging, verklagte ihn der Hohe Rat der Samariter beim Statthalter von Syrien, Vitellius, der Pilatus absetzte und nach Rom schickte, wo er sich vor dem Kaiser wegen der gegen ihn erhobenen Beschuldigungen zu verantworten hatte.

² Die Israeliten pflegten große Unglücksfälle als Strafe für ungewöhnliche Sünden anzusehen (vgl. Joh 9, 2). Jesus geht auf diese Meinung nicht ein, mahnt vielmehr, sich durch solche Vorkommnisse zur Buße stimmen zu lassen.

⁴ Der Turm gehörte wohl zur südöstlichen Stadtmauer Jerusalems in der Nähe des Teiches Schiloach, der durch einen 535 m langen Felstunnel mit der nie versiegenden Quelle Gihon gespeist wurde.

¹⁴ Eine ärztliche Handlung war am Sabbat nur bei unmittelbar drohender Lebensgefahr erlaubt.

³⁰ Viele Heiden, die bei den Juden als 'die Letzten' galten, werden den Israel zustehenden Platz als 'die Ersten' einnehmen, indes ihre Verächter sich vom Reich Gottes

ausschließen.

³¹ Als Landesfürst von Galiläa, das nicht römische Provinz war, konnte Herodes Antipas die Todesstrafe verhängen!

³⁵ Hinweis auf die zukünftige Bekehrung des Volkes Israel.

Kapitel 14

¹⁵⁻²¹ Sinn des Gleichnisses: Die Reichen und Vornehmen in Israel lehnen die Einladung zum Messiasreich ab, die untersten Volksschichten hingegen sowie die verachteten Heiden folgen dem Ruf.

²³ Das griechische Wort 'anagkason' kann man mit 'nötige sie', aber auch mit 'zwinge sie' übersetzen.

²⁶ 'Haß' bedeutet hier nicht Ablehnung, sondern entschiedene Nachordnung.

Kapitel 15

⁸ Die Drachme war eine griechische Silbermünze; sie entsprach einem Denar, dem Tagesverdienst eines Arbeiters, vgl. Mt 20, 1 - 10.

¹⁸⁻²¹ 'Himmel' war für Israeliten oft die Umschreibung für Gott (aus Scheu, den Namen Gottes auszusprechen).

³⁰⁻³² Zu beachten ist 'dein Sohn' (V.30) und 'dein Bruder' (V.32)!

Kapitel 16

[8] Der Gutsbesitzer lobt nicht die Unredlichkeit des Verwalters, sondern dessen Voraussicht. Die Kinder Gottes sollen in den Angelegenheiten ihres Heils so vorausschauend sein, wie die Kinder der Welt. Vgl. auch die Anm. zu Mt 10, 16

[9] Zu 'Mammon' vgl. Anm. zu Mt 6, 24.

[12] Wer das Irdische nicht recht verwaltet, wird auch mit dem Geist Gottes, den Jesus schenkt, nicht richtig umgehen.

[18] Lukas plaziert diesen Vers hier, in der Auseinandersetzung mit 'geldgierigen Pharisäern', vielleicht deshalb, weil bei der Ehescheidung auch finanzielle Fragen eine Rolle spielen.

[20] Der Name 'Lazarus', hebräisch: Eleazar, bedeutet: Gott hilft.

[21] Die Hunde zeigen hier nicht Mitleid mit dem Kranken, sie steigern noch die Qual des Wehrlosen, bzw. nutzen ihn aus.

[22] Die Vulgata übersetzt: 'Der Reiche starb und wurde in der Hölle begraben.' - 'Schoß Abrahams' - damit kann gesagt sein, daß er beim Mahl der Seligen (Mt 8, 11) einen Ehrenplatz am Busen Abrahams, zu seiner Rechten liegend (vgl. Joh 13, 25), einnimmt (vgl. das Wort der Mutter der makkabäischen Brüder im Midr. Pes. R. 43: "Willst du, daß alle deine Brüder in der zukünftigen Welt im Schoße Abrahams liegen sollen, du aber nicht?'). 'Schoß Abrahams' könnte auch die innigste Gemeinschaft zwischen Abraham und Lazarus bezeichnen (vgl. Joh 1, 18).

Kapitel 17

[22-37] '...ihr werdet ihn nicht erleben' - Die Jünger werden in der Zeit der Verfolgung den Tag des Menschensohnes, d.h. den Tag des Gerichts, herbeisehnen; der Richter wird aber erst erscheinen, wenn seine Zeit gekommen ist.

[24] 'An seinem Tag' wird von mehreren Textzeugen angefügt; ursprünglich gehörte sie wohl nicht zum Text. - Wie ein Blitz wird der Menschensohn erscheinen, für alle Welt sichtbar, so daß man ihn nicht 'hier' oder 'dort' suchen muß.

[27] Vgl. Gen 6, 11 - 19.

[29] Vgl. Gen 19, 1 - 29.

[32] Vgl. Gen 19, 17. 26.

[33] Wer das irdische Leben um jeden Preis zu erhalten trachtet, wird das zeitliche und ewige verlieren; wer dagegen sein zeitliches Leben dem Herrn zum Opfer bringt, wird dafür das ewige Leben erhalten.

[36] Dieser Vers ist nur in späteren Handschriften enthalten. Er wurde hier wohl aus Mt 24, 40 eingefügt.

[37] Das Endgericht erfolgt überall dort, wo es etwas zu richten gibt.

Kapitel 18

[8] Manche übersetzen: 'Wird aber der Menschensohn auf Erden noch Glauben finden, wenn er kommt?'

[12] Für die Juden war nur am großen Versöhnungstag das Fasten verpflichtend vorgeschrieben (vgl. Lev 16, 34; Lev 23, 26 - 32); die Pharisäer hielten darüber hinaus zwei Fasttage in der Woche: montags und donnerstags (vgl. Lk 18, 12).

[25] Eine sehr schwere oder gar unmöglich Sache pflegten die Rabbiner mit dem Durchgang eines Kamels (des größten Tieres in Palästina) durch ein Nadelöhr (die kleinste Öffnung) zu vergleichen.

[27] Gott will, daß alle Menschen gerettet werden und am Heil teilhaben; dieses ist aber nicht Verdienst, sondern Gnade.

Kapitel 19

¹² Vielleicht eine Anspielung auf die Bemühungen des Herodes und seiner Söhne, vom römischen Kaiser die Königswürde zu erhalten; im Jahr 4 v.Chr. erreichte eine jüdische Abordnung, daß Archelaus nicht König wurde und sich mit dem Titel 'Ethnarch' begnügen mußte.

¹³ Eine Mine entsprach 100 Drachmen, bzw. 100 Denaren.

³⁸ Verse aus einem von Wallfahrern gesungenen Psalm (Ps 118, 25f.), werden auf Jesus bezogen.

⁴⁰ Vgl. Hab 2, 9 - 11.

⁴⁶ Vgl. Jes 56, 7.

Kapitel 20

¹⁷ Vgl. Ps 118, 22f.

²⁸ Vgl. Dtn 25, 5.

³⁷ Vgl. Ex 3, 1 - 6.

⁴² Vgl. Ps 110, 1.

⁴⁴ Jesus ist Davids Sohn seiner Menschheit nach, Davids Herr seiner Gottheit nach.

Kapitel 21

[2] Das Lepton war die kleinste griechische Münzeinheit.

[24] Diese Weissagung erfüllte sich in erschreckender Weise im Jüdischen Krieg (66 - 70 n.Chr.)

[34 - 35] Vers 34/35 wird auch übersetzt: '...so daß jener Tag unversehens über euch kommt wie eine Schlinge; denn er wird über alle kommen...'

Kapitel 22

[8] Wörtlich: '...damit wir essen.'

[15] Zur Problematik der interkonfessionellen Abendmahlfeier vgl. die Anm. zu Mt 26, 26.

[19 - 20] Dem Wortlaut, nicht dem Sinn nach, weicht Lukas bei der Wiedergabe der Einsetzungsworte der heiligen Eucharistie etwas von Matthäus und Markus ab.

[26] Wörtlich: '...der Größte unter euch sei wie der Jüngste...'

[31 - 34] Gegen das Treiben Satans steht die Fürbitte Jesu; Petrus, der Leiter der Kirche, soll die Stütze ihres Glaubens sein.

[37] Vgl. Jes 53, 12. - Eine andere Übersetzung des letzten Versteils: 'Denn mit mir geht es zu Ende.'

Kapitel 23

⁴ Der Erklärung, daß Pilatus Jesus für 'nicht schuldig' hält, mußte wohl eine Verhandlung vorausgegangen sein, die Lukas in Vers 14 andeutet.

⁷ Herodes Antipas war Tetrarch von Galiläa und Peräa, somit 'Landesherr' Jesu; durch die Auslieferung Jesu an die Gerichtsbarkeit des Herodes wollte sich Pilatus wohl der ihm nicht so wichtig erscheinenden Angelegenheit entledigen und vielleicht auch als Nebenwirkung dieser Geste sein gespanntes Verhältnis zu Herodes verbessern. Letzteres umsomehr, da Herodes mit Kaiser Tiberius sehr befreundet war und in Rom Einfluß besaß (im schönsten Teil von Galiläa, am See Gennesaret, hatte er eine Stadt erbaut, die er nach dem Kaiser 'Tiberias' nannte).

¹¹ Eine andere Möglichkeit zu übersetzen: 'Da verhöhnte ihn Herodes und sein Gefolge und ließ an ihm seinen Spott aus. Dann ließ er sich ein Prunkgewand überwerfen und schickte ihn zu Pilatus zurück.' - Die Auslieferung an Pilatus würde dann als hoheitlicher Akt des Königs dargestellt sein.

¹⁵ Statt: 'Er sandte ihn zu uns zurück' hat die Vulgata: 'Ich habe euch an ihn verwiesen.'

¹⁶ Da in Dtn 25, 2f. die Höchstgrenze bei einer Prügelstrafe auf vierzig Schläge festgesetzt war, erhielt der Delinquent in Israel höchstens 39 Schläge ('vierzig Streiche weniger einen' - vgl. 2Kor 11, 24). Die römische Geißelung kannte diese Beschränkung nicht. Da die Lederriemen der Geißel bei den Römern oft mit Metallstücken gespickt waren, erlag der Gegeißelte nicht selten dieser Tortur. - Über römische Bürger durften übrigens nicht die Strafe der Geißelung verhängt werden.

¹⁷ Vers 17 wird von einigen Textzeugen nicht überliefert.

³⁴ Die Bitte Jesu ist, wenn sie auch Apg 7, 60 weiterwirkt, an dieser Stelle schlecht bezeugt. Einige spätere Abschreiber scheinen sie wieder getilgt zu haben, wohl weil es ihrer Meinung nach die Schuld der Juden herabminderte, was gewissen Kreisen nicht ins Konzept paßte.

⁴³ Das Wort 'Paradies' stammt aus dem Altpersischen und bezeichnet den durch einen Wall geschützten Ort, später den abgeschirmten Garten (in dem Sinn in der 'Paradiesgeschichte', Gen 2;Gen 3). Hier ist das Wort wohl als Bezeichnung für das himmlische

Endziel aller Frommen zu verstehen.

Kapitel 24

[13] Sechzig Stadien sind ein Weg von zwei bis drei Stunden (ca. 11 km).

[15] Statt: 'Da hielten sie traurig inne' heißt es in der Vulgata: 'Und warum seid ihr so traurig?'

[18] Nach späterer Überlieferung war der Name des Begleiters von Kleopas Simon.

[21] '...schon der dritte Tag' - Eine Anspielung auf die Vorstellung, daß die Seele den toten Körper noch drei Tage lang umschwebt, dann von ihm entfernt wird und deshalb seine Wiederbelebung nicht mehr möglich ist. - Dies mag ein weiterer Grund ihrer Hoffnungslosigkeit gewesen sein.

[35] Eine andere Möglichkeit zu übersetzen: '...wie sie ihn daran erkannten, wie er das Brot brach.'

[50] Der Weg von Jerusalem nach Betanien führt über den Ölberg, wo nach Apg 1, 12 die Himmelfahrt Jesu stattfand.

Joh

Kapitel 1

[1] Der 'Prolog' (V.1-18) ist eine Betrachtung über den Sohn Gottes seine Präexistenz, sein ewiges Sein, sein Wirken in der Welt und seine Menschwerdung. Der Evangelist nennt ihn 'Logos' (= das Wort; - wie das Wort den unsichtbaren Gedanken 'sichtbar' macht, so ist in Jesus, der unsichtbare, ewige Sohn der Vaters, sichtbar erschienen). Diese Benennung hat ihre Grundlage in den alttestamentlichen Weisheitsbüchern, z.B: Spr 8, 12 - 36; Sir 24, 3 - 22. Der Name findet sich auch in der griechisch- römischen Umwelt und im Judentum der Diaspora. Johannes gebraucht diese Bezeichnung, um der irrigen Logoslehre (vor allem der Gnostiker) die wahre christliche Lehre entgegenzuhalten.

[3-4] Man könnte auch übersetzen: (3) Durch dieses ist alles geworden, und ohne es ward nichts. Was geworden ist, (4) in dem war es das Leben, und das Leben war das Licht der Menschen.

[9] 'Er' am Anfang des Verses bezieht sich auf den Logos.

[14] 'Und das Wort ist Fleisch geworden und hat unter uns gewohnt' - diesen Satz wollten und durften katholische Christen bis vor kurzem nur auf Knien sprechen oder hören. Auch der Priester, der das Evangelium des Weihnachtsmorgens verkündete, beugte bei diesem Satz das Knie. Er war das Geheimnis ('Arkanum') der christlichen Religion, an ihm scheiden sich die Geister derjenigen, die Jesus von Nazaret nur als großen, gotterfüllten Menschen verehren wollen, von den Christen. - 'Fleischwerdung' (Inkarnation) ist der Begriff, den das Evangelium in die Welt eingeführt hat. Dieser Begriff enthält den Kern des christlichen Glaubens, der sich weder in seiner Sicht der Weltentstehung noch in Sitten- und Morallehre von anderen Religionen wesentlich unterscheidet, sondern in seiner Überzeugung, der Schöpfergott habe die Gestalt seiner eigenen Schöpfung angenommen, um den Menschen zur alten, verlorenen Gottebenbildlichkeit zurückgelangen zu lassen.

¹⁸ 'Der Einzigerzeugte, Gott...' - nach anderer Lesart: 'Der einzigerzeugte Sohn...' - 'Im Schoß des Vaters' ist eine bildhafte Sprechweise des Evangelisten (vgl. Joh 13, 23), die das 'bei-Gott-sein' von Joh 1, 1 in anderer Weise wiedergibt. Das Bild wird im AT gebraucht von der ehelichen Gemeinschaft (Gen 16, 5;Dtn 13, 7;Dtn 28, 54. 56 u.ö.), vom Kind an der Mutterbrust (1Kön 3, 20) oder auf dem Schoß (1Kön 17, 19), auch von der Sorge Gottes für Israel (Num 11, 12). Im NT finden wir die übertragene Bedeutung in Lk 16, 22f ('Schoß Abrahams'). Auch in der rabbinischen Literatur ist das Bild häufig. (Schnackenburg)

²¹ Unter dem von Mose vorhergesagten Propheten (vgl. Dtn 18, 15) ist der Messias zu verstehen.

²³ Vgl. Jes 40, 3 - 5.

²⁸ Betanien jenseits des Jordan wird nur hier erwähnt.

²⁹ 'Lamm Gottes' - Anspielung auf Jes 53, 3 - 7, wo unter dem Bild eines Lammes, das zur Schlachtbank geführt wird, der leidende Messias geschildert wird.

³⁹ Die zehnte Stunde ist nach unserer Zählung vier Uhr nachmittags. - Johannes erinnert sich selbst in hohem Alter noch an die Stunde seiner Berufung.

⁴⁵ Ob Natanael mit Bartholomäus aus den synoptischen Evangelien identisch ist, ist nicht sicher.

⁵¹ Anspielung auf Gen 28, 12.

Kapitel 2

⁴ Wörtlich: 'Jesus erwiderte: ¿Was mir und dir, Frau? Meine Stunde ist noch nicht gekommen.¡' - Als Messias ist Jesus an den Willen des Vaters gebunden, der auch die Stunde der ersten Offenbarung der messianischen Herrlichkeit festgesetzt hat. - Zur hebräischen Redewendung 'was mir und dir' (sie dient zur Abweisung von Bitte und Aufforderung) s. 2Sam 16, 19; 2Sam 19, 23; 2Kön 3, 13§Ri 11, 12;1Kön 17, 18;2Chr

35, 21; - s. auch Mk 5, 7;Lk 8, 28§Mt 8, 29; Mk 1, 24;Lk 4, 34

⁶ Ein Maß = ca. 40 Liter.

¹¹ Johannes bezeichnet die 'Wunder' Jesu als 'Zeichen'. - Sie 'zeigen' wer Jesus ist, damit die Menschen sehen und glauben. Die sichtbaren Zeichen weisen auf das Unsichtbare in seinem messianischen Wirken hin.

¹³ Es ist umstritten, ob die hier berichtete 'Tempelreinigung' mit der von den Synoptikern nach dem feierlichen Einzug in Jerusalem erwähnten identisch ist, oder ob man von zwei ähnlichen Ereignissen auszugehen hat.

¹⁷ Vgl. Ps 69, 10.

Kapitel 3

⁸ Da im Griechischen 'Wind' und 'Geist' mit demselben Wort bezeichnet werden, kann man auch übersetzen: 'Der Geist weht, wo er will'.

¹³ In einigen Handschriften folgt der Zusatz: 'der im Himmel ist.'

¹⁵ In einigen Handschriften: (15) damit jeder, der glaubt, nicht verlorengehe, sondern in ihm ewiges Leben habe.

²² Vgl. Joh 4, 2.

²³ Das Nebeneinander der Tätigkeit Jesu und des Johannes scheint bis zur Gefangennahme des Täufers gewährt zu haben.

²⁵ Der Streit drehte sich darum, ob die Taufe des Johannes oder die Taufe Jesu größere Reinigungskraft habe.

Kapitel 4

[6] Der Brunnen wird im Alten Testament nicht erwähnt. - '...um die sechste Stunde' - gegen 12 Uhr mittags.

[10] 'Lebendiges Wasser' (= Quellwasser) - im Gegensatz zum Wasser aus Zisternen, in denen Regenwasser aufgefangen und aufbewahrt wurde. Schon im Alten Testament war das 'lebendige', das frische Quellwasser, im Gegensatz zum abgestandenen, brakigen Wasser aus der Zisterne, Symbol der Wahrheit und Gnade Gottes, vgl. Jer 2, 13. - Der Jakobsbrunnen spendet noch heute gutes Wasser.

[20] Auf dem Berg Garizim war die erste Kultstätte der Israeliten nach der Eroberung Kanaans, vgl. Dtn 27, 4 - 8. Der Tempel, den die Samariter auf dem Garizim gebaut hatten, nachdem ihnen nicht gestattet worden war, sich nach der Babylonischen Gefangenschaft am Wiederaufbau des jerusalemer Tempels zu beteiligen, wurde unter Antiochos IV. Epiphanes hellenisiert (vgl. 2Makk 6, 1f) und 128 v.Chr. unter Johannes Hyrkanos I. von den Juden zerstört. Aber noch heute beten dort Samariter und schlachten die Paschalämmer.

[25] Bei den Samaritern fanden nur die fünf Mosebücher als 'Heilige Schrift' Anerkennung. Auf Grund von Dtn 18, 18 erwarteten sie das Kommen eines Propheten.

[35 - 36] Während das Getreide noch vier Monate bis zur Ernte braucht, sind die das Heil annehmenden Samariter schon jetzt reif für die geistige Ernte, das messianische Reich. - Bald konnten die Apostel diese Ernte einbringen, vgl. Apg 8, 14 - 17.

[44] Als 'Heimat' ist hier Jesu Geburtsort Betlehem in Judäa gemeint. Trotz seiner Wunder wurde er in Jerusalem und Judäa verfolgt (vgl. Joh 4, 1 - 3).

[46] Der 'königliche Beamte' war ein höherer Beamter des Tetrarchen Herodes Antipas, der im Volksmund auch 'König' genannt wurde.

Kapitel 5

² Der Teich hatte wegen seiner Heilkraft den Namen 'Betesda' = Haus der Gnade erhalten. - Die Vulgata liest: 'In Jerusalem befindet sich ein Schafteich, der auf hebräisch Bethsaida heißt'.

³⁻⁴ Der eingeklammerte [ ] Teil fehlt in den ältesten und besten Handschriften; er ist ein späterer, erläuternder Nachtrag.

³¹⁻⁴⁰ Man könnte auch übersetzen: '...so ist mein Zeugnis nicht wahr.' - Um rechtsgültig zu sein, mußte nach dem Alten Testament die 'Wahrheit' eines Sachverhaltes wenigstens von zwei Zeugen bestätigt werden vgl. Dtn 19, 15. - Dem Vorwurf, sein Wort sei Zeugnis in eigener Sache und darum wertlos, stellt Jesus das Zeugnis des Vaters entgegen, das sich in seinen Wundern (36-38) und in den Aussagen der Schrift (39 u. 40) geltend macht. Vgl. auch Joh 8, 13 - 17.

Kapitel 6

⁹ Die - nur hier - erwähnten 'Gerstenbrote' sollen wohl auf die Taten des Propheten Elischa verweisen, vgl. 2Kön 4, 42 - 44.

¹⁹ 25 - 30 Stadien sind etwa fünf bis sechs Kilometer; sie befanden sich also in der Mitte des Sees.

³¹ Vgl. Ps 78, 24; Ex 16.

³⁵ Die mit diesem Vers erfolgte Selbstoffenbarung Jesu wird 6,48 weitergeführt.

⁴⁵ Vgl. Jes 54, 13; Jer 31, 33f.

⁶³ Hier korrigiert Jesus die Jünger, die ihn 'plump fleischlich' verstanden hatten.

⁶⁹ Statt 'der Heilige Gottes' hat die Vulgata 'Christus, der Sohn Gottes'.

Kapitel 7

[2] Das Laubhüttenfest - Erntedankfest und Erinnerung an den Zug der Väter durch die Wüste (vgl. Lev 23, 39 - 43; Dtn 16, 13 - 15) -, war das beliebteste Fest der Juden; es wurde Ende September/Anfang Oktober gefeiert.

[3] Die 'Brüder Jesu' sind seine Vettern, vgl. Anm. zu Mt 12, 46.

[8] 'Ich gehe zu diesem Fest nicht hinauf' - bedeutet auf dem Hintergrund des Ansinnens der 'Brüder' wohl: 'Ich gehe nicht offiziell als Messias nach Jerusalem.'

[21-23] Bezug auf Joh 5, 2 - 16

[27] Vgl. Justinus: 'Dialog mit dem Juden Tryphon' (2. Jhd. n.Chr.): 'Vorausgesetzt, daß der Christus irgendwo geboren ist und irgendwo lebt, so ist er doch so lange nicht erkennbar, erkennt auch sich selbst so lange nicht und hat auch solange keine Macht, bis Elija erscheint, ihn salbt und aller Welt kundmacht.'

[35] 'Diaspora' = Zerstreuung (griech.); 'in der Diaspora zu leben' bedeutet, unter einer Bevölkerung zu wohnen, die überwiegend einer anderen (hier: heidnischen) Glaubensgemeinschaft oder Konfession angehört.

[37-39] Der letzte (siebte) Tag des Laubhüttenfestes wurde besonders feierlich begangen und hieß darum 'der große'. An diesem Tag holte man zum letztenmal in feierlicher Prozession Wasser aus der Quelle Schiloach und trug es nach dem Tempel, wo es durch einen Priester am Brandopferaltar ausgegossen wurde. An diesen Ritus knüpft Jesus an und weissagt die Ausgießung des Heiligen Geistes. Wer an ihn glaubt, wird die Gnadenfülle des Heiligen Geistes empfangen und so selbst wiederum eine Quelle des Heils für andere werden.

[38] Bezug unklar; vielleicht Jes 12, 3 - 6; Jes 58, 11; Sach 14, 8f. oder ähnliche.

[42] Vgl. 2Sam 7, 12; Mi 5, 1.

[51] Vgl. Dtn 1, 16f.

Kapitel 8

¹ Jesus übernachtete am (oder bei Freunden in der Nähe vom) Ölberg.

²⁻¹¹ Die Perikope von der Ehebrecherin fehlt in den ältesten Handschriften. Aus einer unbekannten urchristlichen Schrift wurde sie im 3. Jhd in das Johannesevangelium eingefügt.

⁵ Vgl. Dtn 22, 22 - 27.

⁶ Vgl. Jer 17, 13.

¹² Die äußere Veranlassung der Wahl des Ausdrucks 'Licht der Welt' gab wohl die glanzvolle Beleuchtung, die während des Laubhüttenfestes im Vorhof des Tempels veranstaltet wurde.

¹³ Vgl. Anm. zu Joh 5, 31.

¹⁵ Wörtlich: 'Ihr urteilt nach dem Fleisch'.

²⁰ Die Schatzkammer befand sich im Vorhof der Frauen.

⁵⁹ Gotteslästerer wurden gesteinigt, vgl. Lev 24, 10 - 16.

Kapitel 9

² Die Verallgemeinerung: Jede Krankheit ist Strafe für eigene oder anderer Sünden, lehnte Jesus ab, leugnete aber nicht, daß Sünde zur Krankheit führen kann, vgl. Joh 5, 14.

²² Die Ausstoßung aus der Glaubens- und Volksgemeinschaft ist seit der Rückkehr aus

der babylonischen Gefangenschaft (6 Jhd. v.Chr.) bezeugt, vgl. Esra 10, 7f.

Kapitel 10

[16] Vgl. Ez 37, 23 - 28; Mi 2, 12f; Eph 2, 14 - 16.

[22] Das Fest der Tempelweihe wurde im Dezember begangen, zur Erinnerung an die Neueinweihung des Altars nach der Entweihung durch Antiochus (165 v.Chr.), vgl. 1Makk 4, 52 - 59.

[23] Die Halle Salomos befand sich im östlichen Vorhof.

[34] Vgl. Ps 82, 6f. - Im Psalm werden die ungerechten Richter als 'Götter' angesprochen.

[40] Mit der Gegend 'jenseits des Jordan', dem Teil des Ostjordanlandes, der in der herodianischen Zeit jüdische Provinz war, ist Peräa gemeint. Es war ein schwach besiedelter und rauher Landstrich mit der Hauptstadt Gadara. - Peräa bildete zusammen mit Galiläa in der Zeit von 4 v.Chr. bis 39 n.Chr. die Tetrarchie des Herodes Antipas. Hier hatte auch Johannes der Täufer gewirkt (vgl. Joh 1, 28), bis er von Antipas verhaftet und in Machairus hingerichtet wurde.

Kapitel 11

[1] 'Lazarus' = Gotthilf.

[2] Vgl. Joh 12, 1 - 8.

[16] Didymos = Zwilling

[17] Wegen des Klimas erfolgte die Beerdigung am Sterbetag.

¹⁸ 15 Stadien = ca. 3 km.

⁵⁵ Wer wegen Übertretung des mosaischen Gesetzes unrein war, mußte sich durch Waschungen und Opfer vor dem Fest reinigen, vgl. 2Chr 30, 17 - 20.

Kapitel 12

³ Ein Pfund = ca. 325 Gramm. - Zu 'Narde' vgl. die Anm. zu Mk 14, 3.

⁵ 'Dreihundert Denare' - damals fast der Jahresverdienst eines Arbeiters.

⁷ '...für den Tag meines Begräbnisses aufbewahre (= behalte)' - betont werden soll der mit Sicherheit bald erfolgende Tod Jesu.

¹³ In hasmonäischer Zeit war die Palme in Galiläa ein Zeichen jüdischer Souveränität. Unter römischer Besatzung wollten die Pilger mit den Palmenwedeln gewiß auch an diese Freiheit erinnern. - Vgl. auch Ps 118, 23f;1Makk 13, 49 - 52.

¹⁵ Vgl. Sach 9, 9.

²⁰ Bei den Griechen handelte es sich wohl um Proselyten (zum Judentum übergetretene Heiden) oder um 'Gottesfürchtige' (dem Judentum nahestehende Heiden).

²¹ Philippus war der einzige Apostel, der einen griechischen Namen trug.

²⁷ Wörtlich: 'Was soll ich sagen: Vater rette mich aus dieser Stunde? Aber deswegen bin ich gekommen in diese Stunde.'

³⁸ Vgl. Jes 53, 1.

⁴⁰ Vgl. Jes 6, 9f. - Nie wirkt Gott selbst Böses, er läßt es höchstens zu. Das stellt aber die Heilige Schrift oft in starken Ausdrücken als von Gott herbeigeführt hin. Solche, die die Wahrheit hartnäckig abweisen, überläßt Gott sich selbst. So kann es dazu kommen, daß ein Mensch, der der Gnade Gottes hartnäckig widerstrebt, immer mehr verhärtet

und am Ende nicht mehr glauben kann. Aus dem Nichtglaubenwollen wird zuletzt ein Nichtglaubenkönnen.

[41] '...von ihm redete' - vom Messias.

Kapitel 13

[1] Johannes gestaltete den Bericht über das Letzte Abendmahl anders als die Synoptiker. Er berichtet nur über die Fußwaschung, die Entlarvung des Verräters sowie die sog. Abschiedsreden Jesu, nicht jedoch über die Einsetzung der Eucharistie.

[5] Das Füßewaschen war in der jüdischen und heidnischen Antike niedrigster Sklavendienst.

[14] Vgl. Phil 2, 5 - 11.

[18] Vgl. Ps 41, 10.

[26] Während des Paschamahles pflegte der Hausvater Bissen an die Teilnehmer zu verteilen.

[27] Nur Johannes erfährt die Identität des Verräters. - Judas fühlt sich durchschaut, ist aber nicht bereit, umzukehren. Diese Unbußfertigkeit beschreibt der Ausdruck 'der Satan fuhr in ihn'.

Kapitel 14

[31] Erst Joh 18, 1 wird die Aufforderung realisiert.

Kapitel 15

[25] Vgl. Ps 35, 19; Ps 69, 5.

Kapitel 16

[14-15] Der Vater und der Sohn sind gleichen Wesens und Wissens. Der Heilige Geist, der vom Vater und Sohn ausgeht, hat teil an der Wahrheit des Vaters und des Sohnes.

Kapitel 17

[1-26] Dieses Gebet wird das 'Hohepriesterliche Gebet' genannt, weil es das Opfer einleitet, das Jesus nach einigen Stunden am Kreuz vollenden sollte.

[9] Mit 'Welt' sind hier die gottfeindlichen, sich der Gnade Gottes endgültig verschlossen habenden Menschen gemeint, vgl. Joh 1, 10f.

[12] Vgl. Ps 41, 10; 2Thess 2, 3.

[17] Vgl. dazu Jer 1, 4 - 8.

Kapitel 18

[1] Durch die Auswahl und die Interpretation der Szenen zeigt Johannes Jesus auch in der Erniedrigung als Herrn des Geschehens.

[3] Ob mit 'Kohorte' eine römische Abteilung oder die Tempelwache gemeint ist, ist

nicht ganz klar.

[13] Hannas war damals nicht mehr Hoherpriester, trug aber noch diesen Titel. Er war in Jerusalem die politisch einflußreichste Persönlichkeit.

[15] Ob der 'andere Jünger', ein Apostel oder ein 'verborgener' Jünger aus der jüdischen Oberschicht war, der Zugang zum Haus des Hannas hatte, ist nicht eindeutig zu klären.

[28] Wörtlich: '...sondern das Paschalamm essen zu können.' Durch die Berührung mit Heiden wären die Juden gesetzlich 'unrein' geworden und von der religiösen Feier des Paschamahles ausgeschlossen gewesen.

[31] Die römische Besatzungsmacht hatte sich die Bestätigung von Todesstrafen vorbehalten.

Kapitel 19

[1] Vgl. Anm. zu Lk 23, 16.

[24] Vgl. Ps 22, 19

[25] Wie viele Frauen gemeint sind, ist aus dem griechischen Text nicht mit Sicherheit zu erschließen. - Klopas war nach Hegesipp (2. Jhd.) ein Bruder des hl. Josef.

[28] Vgl. Ps 22, 16.

[29] Vgl. Ps 69, 22. - Ysop - Im alttestamentlichen Kult gebrauchte man Yssopzweige als Sprengwedel (Ex 12, 22;Lev 14, 4. 6. 49. 51f;Num 19, 6. 18; Hebr 9, 19), bildlich Ps 51, 9. Die Pflanzenart ist sehr umstritten. Was seit C. v. Linné 'Hyssopus officinalis' heißt, fehlt in Palästina, und was der griech.-lat. 'Yssopos' meint, ist unsicher. Am ehesten kommt der Staudenmajoran in Betracht, ein Lippenblütler, häufig in Palästina an Mauern und Felsen, etwa 1 m hoch. Seine duftenden, weißfilzigen Blätter und Zweige halten Wasser fest und dienen noch jetzt bei den Samaritanern als Sprengwedel. Die Redensart 'von der Zeder bis zum Yssop an der Mauer' (1Kön 5, 13) muß nicht ein ganz winziges Gewächs voraussetzen (Linné: ein Moos). Ob der Yssop hier dieselbe Art be-

zeichnet, ist fraglich. Die Zweige von Majorana sind als 'Rohr' (so Mt 27, 48; Mk 15, 36) zu schwach und klein; vielleicht ist im griechischen Text 'ysso' (= Lanze) zu lesen.

[31] Jesus starb an einem Freitag, dem Vorbereitungstag auf den Sabbat, auf den damals das Paschafest fiel.

[36] Vgl. Ex 12, 46; Ps 34, 20f.

[37] Vgl. Sach 12, 10.

[38] Vgl. Anm. zu Mt 27, 58.

[39] Zu 'Myrrhe' und 'Aloe' vgl. die Anm. zu Ps 45, 9. - Hundert Pfund = ca. 32 kg.

Kapitel 20

[1] Jesus ist am 'ersten Wochentag' auferstanden. Deshalb ist auch der wöchentliche Gedenktag der Auferstehung, der Sonntag, im christlichen Kalender der erste Tag der Woche.

[16] Die Anrede 'Rabbuni' (= mein Meister) drückt stärker die Hochachtung aus als das einfache 'Rabbi' (= Meister).

[24] 'Didymus' = Zwilling

[30-31] Schlußwort des Evangelisten; das 21. Kapitel ist ein späterer Nachtrag.

Kapitel 21

[1] Das letzte Kapitel des Johannes-Evangeliums wurde wohl später von einem Schüler des Johannes hinzugefügt. - 'See von Tiberias' = See Gennesaret

² 'Didymus' = Zwilling

⁸ Zweihundert Ellen = etwa 95 m.

¹⁵⁻¹⁷ Vgl. Lk 22, 54 - 62; Mt 16, 13 - 19.

Apg

Kapitel 1

[1] Lukas bezieht sich hier auf sein erstes Buch, das Evangelium, vgl Lk 1, 1 - 4.

[4] Die Verheißung des Vaters ist der Heilige Geist, vgl. Lk 24, 49.

[12] Ein 'Sabbatweg' betrug etwa 900 m; diese Entfernung, von der Ortsgrenze gerechnet, durfte ein Israelit am Sabbat zurücklegen, ohne das Gebot zu übertreten.

[13] '...Simon der Zelot' - vgl. die Anm. zu Mk 3, 18. - '...Judas, der des Jakobus' - vgl. Anm. zu Lk 6, 16.

[15] Petrus beginnt mit der Wahrnehmung der ihm von Jesus übertragenen Leitungsfunktion in der Kirche, vgl. Mt 16, 16 - 18; Joh 21, 15 - 17.

[18-19] Vgl. Mt 27, 3 - 10; - Offensichtlich gab es später verschiedene Versionen über das Ende des Verräters, die darin übereinstimmten, daß der 'Blutacker' vom Verräterlohn gekauft wurde, und daß sein Ende schrecklich war.

[20] Vgl. Ps 69, 26; Ps 109, 8.

[22] Die Verkündigung der Auferstehung Jesu ist der Haupt- und Angelpunkt der apostolischen Predigt.

Kapitel 2

[11] 'Nazoräer' - vgl. Anm. zu Mt 2, 23.

[11] Als 'Proselyten' bezeichnete man die zum Judentum übergetretenen Heiden.

[15] Die 'dritte Tagesstunde' = ca. 9 Uhr vormittags.

[17-20] Die 'Endzeit' ist die messianische Zeit; der Prophet schaut sie mit ihren tröstlichen und mit ihren erschütternden Ereignissen; vgl. Joel 3, 1 - 5.

[25-28] Vgl. Ps 16, 8 - 11.

[34-35] Vgl. Ps 110, 1.

[36] Die Auferstehung ist der Beweis, daß Jesus der Herr und Messias ist; vgl. Apg 5, 31f; Apg 13, 32 - 38; Phil 2, 9 - 11.

[42] In der Vulgata ist der zweite und dritte Begriff zusammengezogen = 'Gemeinschaft des Brotbrechens'.

[46] Die Urchristen nahmen am Gottesdienst im Tempel teil, feierten aber, vor allem am 'ersten Tag der Woche', am Sonntag, dem Tag der Auferstehung, die Eucharistie (das 'Brechen des Brotes') verbunden mit gemeinsamen Mahl (Agape) in den 'Hauskirchen'; vgl. auch Apg 20, 7 - 12.

Kapitel 3

[1] Die 'neunte Stunde' = 15 Uhr.

[2] Dieses Tor aus kostbarem Erz war auf der Ostseite des Vorhofes der Frauen.

[13] In der Vulgata heißt es: '...seinen Sohn Jesus'. - Im griechischen Text bezeichnet Petrus Jesus - in Anlehnung an Jes 52, 13; Jes 53, 11 - als 'Knecht Gottes'.

¹⁹⁻²¹ Durch die Bekehrung der Juden soll die Wiederkunft Christi und damit die Vollendung eingeleitet werden; vgl. Mt 24, 14; Röm 11, 25 - 32.

²² Vgl. Dtn 18, 15. 19.

²⁵ Vgl. Gen 12, 3.

²⁶ Vgl. die Anm. zu Apg 3, 13.

Kapitel 4

¹⁻² Der Tempelhauptmann befehligte die Tempelwache. Die Sadduzäer nahmen besonders an der Lehre von der Auferstehung Anstoß; vgl. Mt 22, 23; Apg 23, 8.

²⁵⁻²⁶ Vgl. Ps 2, 1f.

²⁷ Vgl. die Anm. zu Apg 3, 13.

³⁰ Vgl. die Anm. zu Apg 3, 13.

Kapitel 5

¹² Die 'Halle Salomos' war an der Ostseite des Tempelplatzes.

¹⁵ In manchen Handschriften ist der Zusatz: '... und sie von ihren Krankheiten geheilt würden.'

¹⁷ 'Partei' - griechisch 'hairesis', aber noch nicht im Sinne von Sekte, Häresie gebraucht.

²⁸ Vgl. Mt 27, 25.

³⁴⁻³⁹ Die Rede des Gamaliel ist eine freie Komposition des Lukas; in ihr will er die Überzeugung der Christen darstellen, nicht zu einer der pseudo-messianischen Bewegungen zu gehören, die ein trauriges Ende genommen haben.

³⁹ Vgl. 2Makk 7, 18f.

⁴⁰ Vgl. Anm. zu Lk 23, 16.

Kapitel 6

¹ 'Hellenisten' waren griechisch sprechende ('zugezogene'), 'Hebräer' aramäisch sprechende ('einheimische') Judenchristen.

⁵ Stephanus und Philippus (der auch als 'Evangelist' bezeichnet wurde, vgl. Apg 21, 8) spielten in der Urkirche eine bedeutende Rolle (s. folgende Kapitel), auf Nikolaus berief sich später die Sekte (s. die Anm. zu Apg 24, 5) der Nikolaiten (vgl. Offb 2, 6); von den übrigen ist nichts bekannt. Außer Nikolaus, der aus dem Heidentum stammte, waren alle hellenistische Judenchristen.

⁶ Die Gemeinde wählt die Personen, die Apostel setzen die Gewählten durch Handauflegung in das Amt ein.

⁹ Die ausländischen Juden hatten in Jerusalem eigene Synagogen. Die 'Libertiner' waren die Nachkommen der Juden, die von dem römischen Feldherrn Gnaeus Pompeius (63 - 61 v.Chr.) als Kriegsgefangene nach Rom geführt, später freigelassen und wieder nach Palästina zurückgekehrt waren.

¹⁴ 'Nazoräer' - vgl. Anm. zu Mt 2, 23.

Kapitel 7

[3] Vgl. Gen 12, 1.

[6] Vgl. Gen 15, 13f.

[20] Josephus Flavius schreibt: 'Das Heiligste in unseren Gesetzen haben wir durch Engel von Gott gelernt' (Ant.XV,5,3§136). - Nach altjüdischer Auffassung waren bei der mosaischen Gesetzgebung Engel beteiligt und würden deren Nichtbeachtung bestrafen.

[26] Wörtlich: '...zum Frieden versöhnen'.

[37] Vgl. Dtn 18, 15. - In einigen Handschriften befindet sich der Zusatz: '...auf ihn sollt ihr hören.'

[42-43] Vgl. Amos 5, 25 - 27.

[49-50] Vgl. Jes 66, 1f.

[51] 'Unbeschnitten sein an Herz und Ohr' bedeutet nach jüdischem Sprachgebrauch soviel wie gegen besseres Wissen denken, reden und handeln.

[53] S. oben zu V.20.

[58] Saulus, ein Jude, der aus Tarsus stammte und von Geburt an das römische Bürgerrecht besaß, hatte neben dem hebräischen noch den griechisch-römischen Namen: Paulus; unter letzterem ist er als der große Völkerapostel bekannt geworden.

Kapitel 8

[1] Die Verfolgung richtete sich wohl hauptsächlich gegen die 'Hellenisten', zu denen auch der Diakon Philippus (s. V.5) gehörte; er wird noch Apg 6, 5; Apg 21, 8 erwähnt. - Durch die 'Versprengung' breitete sich das Evangelium rascher aus; s. V.4ff.

[7] Zur 'Besessenheit' vgl. Anm. zu Mk 1, 25.

[15] Der erste Bericht über eine Firmung, die von der Taufe klar unterschieden wird (s. auch Apg 19, 5f.). Dieses Sakrament wird nicht vom Diakon Philippus, sondern von Aposteln gespendet.

[19] Nach Simon dem Zauberer wird der Versuch, geistliche Dinge zu kaufen oder zu verkaufen, als 'Simonie' bezeichnet.

[27] Gemeint ist Äthiopien am oberen Nil mit der Hauptstadt Meroe. 'Kandake' ist der Titel, nicht der Name der Königin. Der Kämmerer (wörtlich: Eunuch) war gewissermaßen der 'Finanzminister' Äthiopiens.

[32-33] Vgl. Jes 53, 7f.

[37] Dieser Vers wird nicht von allen Textzeugen überliefert.

Kapitel 9

[2] Im griechischen Originaltext steht für 'die Lehre' oft 'der Weg'.

[5] Einige Textzeugen fügen hier - in Angleichung an Apg 26, 14 - hinzu: 'Es ist hart für dich, gegen den Stachel auszuschlagen.' (Vgl. auch Anm. zu Apg 26, 14).

[6] In der Vulgata beginnt der Vers: 'Zitternd und bebend fragte er weiter: "Herr, was soll ich tun?" Der Herr sagte zu ihm:...'

[11] Die 'Gerade Straße' war die Prachtstraße von Damaskus, die 1600 m lang ein großes östliches mit dem westlichen Tor verband.

[13] Die Christen werden als 'Heilige' bezeichnet, weil sie durch die Taufe Gott geweiht sind, (vgl. das 'Heilig'-tum = das gottgeweihte Gebäude)

[22] Nachdem Saulus einige Zeit (V.19) in Damaskus gepredigt hatte, begab er sich für drei Jahre nach Arabien, um sich in der Einsamkeit auf seine Aufgabe vorzubereiten.

Von Arabien kehrte er wieder nach Damaskus zurück (V.22; vgl. Gal 1, 17f.).

[26] Nach Gal 1, 18 ging Paulus für 15 Tage nach Jerusalem, um sich von Petrus, dem Oberhaupt der Kirche, seinen Dienst bestätigen zu lassen.

[36] Nur hier wird im Neuen Testament eine Christin als 'Jüngerin' bezeichnet. - Im griechischen Original steht hier an Stelle von 'Gazelle' das entsprechende griechische Wort 'Dorkas' ('Tabita' ist ein aramäischer Name).

Kapitel 10

[1] 'Italische' Kohorte - weil viele der hier dienenden Soldaten aus Italien stammten. - Die Ausführlichkeit des Berichts über die Taufe des ersten Heiden zeugt von der Bedeutung dieses Schrittes von der 'jüdischen Kirche' zur Weltkirche.

[6] Einige Textzeugen fügen hinzu: 'Er wird dir sagen, was du tun sollst.'

[9] '...um die sechste Stunde' - in der Mittagszeit.

[30] Die 'neunte Stunde' entspricht 15 Uhr.

[37] Die Haupttatsachen aus dem Leben Jesu werden vorausgesetzt.

[46] Zum 'Reden in Sprachen', der sog. Glossolalie vgl. Anm. zu 1Kor 12, 10.

Kapitel 11

[2] 'Die aus dem Judentum' (im griechischen Original: 'die aus der Beschneidung'), die sog. Judenchristen, vertraten die Auffassung, daß das jüdische Gesetz weiterhin gelte. Gegen die gleichberechtigte Aufnahme von Heiden in die Kirche leisteten sie hartnäckigen Widerstand; vgl. Gal 2.

[20] Vgl. Apg 8, 1. 4. Wie Jerusalem das Zentrum der judenchristlichen Kirche war, so wurde Antiochien in Syrien, der nach Rom und Alexandrien drittgrößten Stadt des römischen Reiches, der Mittelpunkt der christlich gewordenen Heidenwelt.

[26] Die Bezeichnung 'Christen' ging von den Heiden aus. Die Christen selbst nannten sich 'Jünger', 'Brüder', 'Heilige'.

[27] Agabus war später auch in Cäsarea, vgl. Apg 21, 10. - Zur Bedeutung der christlichen Propheten vgl. 1Kor 12, 28f; 1Kor 14, 3 - 12. 29. 32. 37; Eph 2, 20

[28] Kaiser Klaudius regierte von 41 bis 54 n.Chr. vgl. Apg 18, 2. - Von Hungersnöten in dieser Zeit berichten auch außerbiblische Quellen.

[30] Die 'Ältesten' bildeten unter Jakobus die Leitung der Kirche in Jerusalem.

Kapitel 12

[2] Von die Ermordung des Apostels Jakobus des Älteren berichtet auch Josephus Flavius.

[17] Jakobus der Jüngere, der 'Bruder des Herrn' (vgl. Mk 6, 3), leitete nach dem Weggang Petri die Urgemeinde in Jerusalem; vgl. Apg 15, 13 - 21; Gal 1, 19; Gal 2, 9. 12). - Wohin Petrus sich begab, teilt der Verfasser nicht mit. Die Tradition weist auf Rom hin.

[22] Ein ähnlich klingender Bericht bei Josephus Flavius, Antiquitates XIX, 8,2.

Kapitel 13

[1] Der Prophetie oblag es, den Willen des erhöhten Herrn in der Kraft des Geistes für die jeweilige Situation anzusagen, während die Lehre vorwiegend mit der Pflege und Interpretation der Überlieferung befaßt war. (Roloff).

³ Die Gemeinde entsendet die Missionare aus ihrer christlichen Verantwortung.

⁸ 'Elymas' ist die gräzisierte Form des aramäischen haloma = Magier; es war der Beiname von Barjesus.

¹⁶ Als 'Gottesfürchtige' bezeichnete man Heiden, die sich zum wahren Gott bekannten und am Gottesdienst in den Synagogen teilnahmen, ohne jedoch wie die Proselyten zum Judentum überzutreten.

¹⁸ Manche Textzeugen lesen: '(Gott) trug sie...', d.h. hegte und pflegte sie.

²² Vgl. Ps 89, 21 - 23; 1Sam 13, 14.

²⁴ Wörtlich: 'Taufe der Umkehr'.

³³ Vgl. Ps 2, 7.

³⁴ vgl. Jes 55, 3.

³⁵ Vgl. Ps. 16, 10.

⁴¹ Vgl. Hab 1, 5.

⁴⁷ Vgl. Jes 42, 6f; Jes 49, 6.

Kapitel 14

¹ Paulus verkündete das Evangelium immer zuerst den Juden (s. Apg 13, 46; Apg 17, 1f). In den Synagogen traf er religiös aufgeschlossene Nichtjuden (Proselyten, Gottesfürchtige), über die er Verbindung zur Heidenwelt bekam.

¹¹ Der Ausruf der Lykaonier erinnert an die von Ovid überlieferte Sage, wonach Zeus und Hermes bei ihrer Wanderung durch Phrygien bei dem frommen Ehepaar Philemon und Baukis gastliche Aufnahme fanden.

[23] Durch Aufstellung von Ältesten, d.h. kirchlichen Vorstehern, sorgten die Apostel für den Fortbestand der Gemeinden.

[27] Sie legten vor der Gemeinde Rechenschaft ab, die sie ausgesandt hat, vgl. Apg 13, 1 - 4.

Kapitel 15

[2] Das Heil vermittelt nicht die Zugehörigkeit zum Volk Israel, dessen Zeichen die Beschneidung war, oder die Einhaltung jüdischer Reinheitsgesetze, sondern allein die Gnade Jesu Christi. Paulus erkannte mit sicherem Blick die Gefährlichkeit dieser judaisierenden Tendenzen für die Weltkirche. Deshalb drängte er auf eine endgültige Entscheidung dieser Streitfrage durch die Apostel.

[4] Eine andere Übersetzungsmöglichkeit: '...was Gott an ihnen getan hatte.'

[5] 'Partei' - im griechischen Text 'hairesis' - s. die Anm. zu Apg 5, 17.

[7-11] Bemerkenswert ist die Rolle, die Petrus auf dem Apostelkonzil spielt!

[16] Vgl. Amos 9, 11f.

[20] Die sog. Jakobusklausel verpflichtet, auf die religiösen Anschauungen der Judenchristen (besonders in 'gemischten' Gemeinden) Rücksicht zu nehmen. Der Genuß des Blutes und des Fleisches von Tieren, deren Blut nicht vollständig ausgelaufen war ('Ersticktes'), war den Juden verboten (vgl. Lev 17). Unter 'Unzucht' ist wohl die gesetzlich verbotene Ehe unter Verwandten zu verstehen.

[23] '...Brüder aus den Völkern' - Christen heidnischer Herkunft.

[34] Dieser Vers wird nicht von allen Textzeugen überliefert.

[40] Mit der Prophetengabe (V.32), dem Vertrauen der Urkirche (V.22) und dem römischen Bürgerrecht (Apg 16, 37) ausgerüstet, war Silas der geeignete Missionsgefährte für Paulus.

⁴¹ Einige Textzeugen fügen hinzu: 'Und hieß sie die Vorschriften der Apostel und der Ältesten beobachten.'

Kapitel 16

¹ Nach jüdischer Auffassung war diese 'Mischehe' illegal.

³ Als Sohn einer jüdischen Mutter galt Timotheus als Jude. Die Beschneidung hielt Paulus nicht für heilsnotwendig (vgl. Gal 5, 1 - 11; 1Kor 7, 17 - 20), doch wollte er nicht von vornherein von Juden als 'Apostat' abgelehnt werden, weil er mit einem 'Heiden' (Unbeschnittenen) reiste.

⁶ Den ursprünglichen Reiseplan zu verwirklichen, verwehrte vielleicht eine Krankheit.

¹⁰ Das hier zum erstenmal gebrauchte 'wir' zeigt, daß von jetzt an Lukas, der Verfasser der Apostelgeschichte, Paulus begleitet.

¹¹ In Neapolis, dem Philippi zugeordneten Hafen, betrat Paulus zum ersten Mal europäischen Boden.

¹⁷ Als 'höchsten Gott' - bezeichneten die Griechen den 'Vater der Götter und Menschen' Zeus, die Römer Jupiter - in der Septuaginta, der griechischen Übersetzung des AT, wird der Ausdruck nur Heiden in den Mund gelegt.

²¹ '...wir als Römer' - Den Bewohnern von Philippi war das 'ius italicum' gewährt worden, deshalb bezeichnen sie sich als 'Römer'. (Näheres erfahren Sie, wenn Sie 'Philippi' bei gedrückter Befehlstaste anklicken.)

Kapitel 17

[15] Die Gemeinde von Beröa wird weiter in der Apostelgeschichte nicht erwähnt. Daß Paulus auch hier etwas Dauerndes geschaffen hat, ist daraus zu ersehen, daß in ihr offensichtlich eine Kollekte für die Jerusalemer Gemeinde veranstaltet worden war, die von Sopater, dem Sohn des Pyrrhus, zusammen mit Paulus überbracht wurde; vgl. Apg 20, 4; 1Kor 16, 3; 2Kor 8, 19. 23; 2Kor 9, 4. - Zum Auftrag an Silas und Timotheus vgl. die ergänzenden Angaben in 1Thess 3, 1 - 6.

[19] Der 'Areopag' (so genannt nach dem nahe der Stadt gelegenen Areshügel), war die oberste Behörde in Athen. Seine Mitglieder nannte man Areopagiten.

[28] Die Worte finden sich bei Aratus aus Zilizien (+240 v.Chr; Phaenomena, 5: '...voll des Zeus sind jegliche Straßen, jegliche Märkte der Menschen, voll seiner die See und des Meeres Buchten und Häfen. Des Zeus bedürfen wir alle in allem. Denn wir sind seines Geschlechts... Er ist´s, der gnädig den Menschen weist, was sie fördert.') und Kleanthes (+231 v.Chr.: 'Zeus, der Unsterblichen Höchster, vielnamiger Herrscher des Weltalls, Ursprung du der Natur, der alles gesetzlich regiert, sei mir gegrüßt. - Dich zu rufen geziemt ja den Sterblichen allen. Denn sie stammen aus deinem Geschlecht...').

Kapitel 18

[2] Das Ausweisungsedikt hatte Klaudius 49/50 erlassen. Suetonius berichtet, daß der Kaiser die Juden aus Rom ausweisen ließ, weil sie 'aus Anlaß (oder 'auf Antreiben') eines gewissen Chrestos beständig Unruhen erregten' (Vita Claudii 25).

[4] In einigen Handschriften lautet der erste Teil des Verses: 'Jeden Sabbat sprach er in der Synagoge, wobei er den Namen des Herrn Jesus einflocht und ...'

[7] Von den Juden abgelehnt, lehrt Paulus im Haus eines 'Nichtjuden'.

[12] Der folgende Bericht ist nur eine Episode aus dem gesamten anderthalbjährigen Aufenthalt Pauli in Korinth (vom Herbst 50 bis zum Frühjahr 52). Gallio, der Bruder des Philosophen Seneka, war nach einer Inschrift aus Delphi 51 - 53 Prokonsul (Statthalter)

von Achaia.

[18] Paulus hatte ein Nasiräatsgelübde abgelegt, das im Tempel von Jerusalem beendet werden mußte; es wurde durch ein Sündopfer eingelöst, bei dem das geschorene Haar verbrannt wurde. Vgl. Num 6, 1 - 21 (vgl. auch Anm. zu Apg 21, 23).

[22] 'Er ging hinauf' - deutet eine Pilgerreise nach Jerusalem an, die auch im Zusammenhang mit dem Nasiräatsgelübde (V.18) gestanden haben mag.

Kapitel 19

[1] Der Artemistempel von Ephesus war eines der sieben Weltwunder.

[6] Zum 'Reden in Sprachen', der sog. Glossolalie, vgl. Anm. zu 1Kor 12, 10.

[13] Zur 'Besessenheit' vgl. Anm. zu Mk 1, 25.

[19] Eine Silberdrachme = ein Denar = der Durchschnittslohn eines Arbeiters.

Kapitel 20

[5] 'Diese...' bezieht sich wohl auf die beiden zuletzt Genannten. Tychikus und Trophimus stammten aus der Provinz Asien (Trophimus aus Ephesus). - Paulus schickte sie - die wohl mit dem Schiffsverkehr zwischen Kleinasien und Palästina besser vertraut waren - mit dem Auftrag voraus, die Weiterreise zu organisieren. - Von 20,5 bis 21,18 erscheint wieder Lukas an der Seite des Apostels (wie in 16,10-17).

[7] Beispiel einer urchristlichen Sonntagsfeier mit dem eucharistischen Brotbrechen (vgl. Apg 2, 46; 1Kor 10, 16).

[13] Die Entfernung von Troas nach Assos betrug ca. 40 km.

[24] Die Vulgata liest: 'Aber nichts von dem fürchte ich und achte mein Leben nicht kostbarer als mich, wenn ich nur...'

[28] Einige Textzeugen lesen: '...die er mit seinem Blut erworben hat'.

[35] Dieser Ausspruch Jesu ist in unseren vier Evangelien nicht überliefert worden.

Kapitel 21

[8] '...der einer von den Sieben war' - Philippus war einer der sieben Diakone; vgl. Apg 6, 1 - 6.

[10] Vgl. Apg 11, 27f.

[16] Unklar ist, ob sie bei Mnason unterwegs oder in Jerusalem einkehrten.

[23-24] Es galt als frommes Werk, die nicht unbeträchtlichen Auslösungskosten für solche, die ein Nasiräatsgelübde (Nasiräer = Ausgesonderter, Gottgeweihter) auf sich genommen hatten, zu übernehmen. Dieser Wohltäter nahm an der feierlichen Darbringung der Gelübdeopfer im 'Heiligen' des Tempels teil. Für die vier Männer waren die dreißig Tage ihres Nasiräats bereits abgelaufen, ohne daß sich einer gefunden hatte, sie auszulösen. Paulus übernimmt das. Da er sich aber als Jude, der im Ausland gewesen war, kultisch verunreinigt hatte und daher das 'Heilige' des Tempels nicht eher betreten konnte, bis er sich selbst erneut geheiligt hatte, mußte er sich selbst im Tempel anmelden, und am dritten und siebten Tag dort erscheinen, um mit Entsühnungswasser besprengt zu werden. Erst dann konnte er Zeuge sein, wenn die vier Männer ihr Haupt scheren und auf seine Kosten ihre Opfer darbrachten. Vgl. dazu auch Num 6, 1 - 21.

[28] Eine Inschrift an den Toren zum Tempel lautete: 'Kein Fremder (= Heide) darf den Bezirk innerhalb der Tempelschranken betreten. Wer ertappt wird, zieht sich selbst die Todesstrafe zu, die darauf steht.'

[31] Nordwestlich vom Tempel lag die Burg Antonia, wo immer eine römische Besatzung ihr Standlager hatte. An zwei Stellen führten Stufen von der Antonia zum Tempelplatz

hinunter.

[38] Als 'Sikarier' bezeichnete man gegen Rom kämpfende israelitische Aufständische (von sica = Dolch). - Der Ägypter, von dem auch Josephus Flavius erzählt, hatte seinen Anhängern versprochen, daß er die Mauern Jerusalems zum Einstürzen bringen werde, wie Josua die von Jericho. Bei der Abwehr des Angriffs auf Jerusalem hatte die jüdische Bevölkerung den römischen Prokurator Felix unterstützt; der Ägypter war jedoch entkommen.

Kapitel 22

[8] 'Nazoräer' - vgl. Anm. zu Mt 2, 23.

Kapitel 23

[4] Die Umstehenden verstehen die Aussage Pauli als Verfluchung (Gott soll/wird dich strafen!).

[23-24] Die 'dritte Nachtstunde' entspricht 21 Uhr. - Der militärische Sicherheitsaufwand entspricht der damaligen (um 57/58) gespannten politischen Lage. Einige Jahre später (66) wurde der Statthalter Cestius Gallus mit seinem Heer von 33.000 Mann auf dieser Straße von schlecht ausgerüsteten Aufständischen geschlagen.

[25] Einige Textzeugen haben vor V.25 die erklärende Erweiterung: 'Er fürchtete nämlich, die Juden möchten ihn mit Gewalt entführen und töten, er selbst aber könnte dann in den Verdacht kommen, er habe Geld annehmen wollen.'

[35] '...im Palast des Herodes' - im Prätorium, einem von Herodes d. Großen erbauten Palast, in dem der Prokurator residierte.

Kapitel 24

[1] Der Anwalt (Rhetor = Redner, Sprecher, später: Staatsmann, Rechtsanwalt) war - nach dem Namen zu urteilen - ein Heide (Tertullus - die Verkleinerungsform des lateinischen Tertius' = der dritte), der als Kenner des römischen und jüdischen Rechts den Hohen Rat in Rechtsfragen beriet.

[3] Nachdem Felix abgesetzt worden war, verklagten - so berichtet Josephus Flavius - die Juden aus Cäsarea ihn beim Kaiser.

[5] 'Sekte' - im griechischen Text 'hairesis' (Häresie) von griechisch: nehmen, rauben, wählen, vorziehen; daher das Erwählte, die Denkweise, Lehrmeinung, Schule, Partei; Spaltung, Sekte. - Das aus dem lateinischen stammende Wort 'Sekte' kommt von 'sequi' = folgen (die Sekte als Gefolgschaft), andere leiten es von 'secare' = schneiden, trennen (vgl. z.B. Sektion, sezieren) ab (ein von einem Größeren abgespaltenes Kleineres). - 'Nazoräer' - vgl. Anm. zu Mt 2, 23.

[6-8] Das Eingeklammerte wird von einer Reihe westlicher Textzeugen überliefert.

[14] 'Sekte' - s. o. zu V.5

[22] Das Christentum kam durch Philippus frühzeitig nach Cäsarea, vgl. Apg 8, 40.

[27] Der Zeitraum der Amtszeit des Festus läßt sich nicht genau feststellen, wahrscheinlich von 58 bis 62. In der Zeit zwischen dem Tod des Festus und der Ankunft seines Nachfolgers Albinus, ließ der Hohepriester Ananos den Apostel Jakobus d. Jüngeren, den 'Herrenbruder', hinrichten.

Kapitel 25

[2-3] Eine andere Übersetzungsmöglichkeit: '...und sie baten ihn, (3) für sich erbittend eine Gunst gegen ihn, daß er ihn nach Jerusalem überstelle.'

[26] Seit Klaudius werden die Kaiser zunehmend 'Kyrios' (göttlicher) Herr genannt.

Kapitel 26

⁵ 'Richtung' - im griechischen Text: 'hairesis', s. die Anm. zu Apg 24, 5; hier ohne Werturteil: Partei, Richtung, Lehrmeinung

¹⁴ Der letzte Satz bezieht sich auf das Sprichwort: 'Gegen die Stacheln (= den Stachelstock) kann ein widerspenstiges Tier nicht ankommen.'

²⁴ Festus greift ein, weil für ihn die Auferstehung von den Toten unmöglich ist; deshalb muß Paulus 'von Sinnen' sein.

Kapitel 27

¹ Lukas befindet sich wieder bei Paulus ('Wir'-Bericht!) - 'Kohorte der Majestät' war ein Ehrentitel, der einer Truppe verliehen wurden. - Der folgende Reisebericht ist auch für die Geschichte der Schiffahrt des Altertums von großem Wert.

² Adramyttium war ein Hafen in Mysien, südlich von Troas an der ägäischen Küste. - Die Vulgata verwechselt es mit Adrumetum, einem afrikanischen Hafen.

⁵ Die Vulgata hat statt Myra, der Zwischenstation der Getreideschiffe von Alexandrien nach Rom, irrtümlicherweise Lystra.

⁹ Das 'Große Fasten' war am Versöhnungstag, Ende September/Anfang Oktober (vgl. Lev 23, 27). Um diese Zeit stellte man wegen der beginnenden Winterstürme die Schiffahrt bis Anfang März ein.

²⁷ Das 'Adriatische Meer' ist das Mittelländische Meer westlich von Kreta bis gegen Sizilien. Sonst hieß es das 'Ionische Meer'.

²⁸ 20 Faden = 37 Meter; 15 Faden = 27,75 Meter.

[37] Nach Josephus Flavius gab es Schiffe, die von Cäsarea nach Rom 600 Menschen beförderten.

[42] Die Soldaten hafteten mit ihrem Leben für die Gefangenen.

Kapitel 28

[11] Das Schiff trug vorn das Wappen der Dioskuren, d.h. der Zwillingsbrüder Kastor und Pollux, die nach der heidnischen Sage Söhne des Jupiter waren, nach ihrem Tod als Doppelgestirn (Zwillinge) an den Himmel versetzt wurden und als Beschützer der Schiffahrt galten.

[16] In der sog. freien Haft konnte Paulus unter den Wachsoldaten erfolgreich wirken (vgl. Phil 1, 12f.).

[22] 'Sekte' - im griechischen Text 'hairesis' - hier noch nicht negativ, sondern wie Apg 26, 5: Schule, Lehrmeinung (vgl. auch die Anm. zu Apg 24, 5).

[26] Vgl. Jes 6, 9f. - Wie Jesus die Juden in Palästina (vgl. Mt 13, 14f.), so beschuldigt Paulus die in Rom der selbstverschuldeten Verblendung, Taubheit und Herzenshärte.

[29] Dieser Vers wird nur von 'westlichen' Handschriften überliefert.

[31] Mit Rom hat das Evangelium den Mittelpunkt der heidnischen Welt erreicht. Wie nach dem Lukasevangelium der Weg Jesu nach Jerusalem führte, so ist nach der Apostelgeschichte Paulus und damit die Kirche auf dem Weg nach Rom (vgl. Apg 19, 31; Apg 23, 11; Apg 28, 14. 16. 30f.). - Nach einer Untersuchungshaft von zwei Jahren mußte der Gefangene entlassen werden, falls keine neue Anklage erhoben wurde (vgl. auch Phil 2, 24; Phlm 22).

Röm

Kapitel 1

[7] Die 'Heiligen' in Rom sind die Christen; wie die Bibel 'Heilige Schrift' ist, weil sie unter Leitung des Gottesgeistes geschrieben wurde, so sind die Christen 'Heilige', weil sie durch das Wirken des Heiligen Geistes zum Glauben gefunden haben.

[11] 'Geistige Gabe' (griech. charisma, von charis = Gnade) kann die zum Heil notwendige Gnade Gottes bezeichnen, aber auch besondere, durch die Einwirkung des Geistes Gottes verliehene Befähigungen, die dem geistigen Aufbau und Fortschritt der Kirche dienen.

[13] Wörtlich: '...auch bei euch einige Frucht haben.'

[14] 'Schuldner' - Paulus fühlt sich ihnen verpflichtet, er 'schuldet' ihnen, das Evangelium zu verkünden.

[16] Vgl. '...das Heil kommt von den Juden' - Joh 4, 22.

[17] 'Aus dem Glauben zum Glauben' - das griech. pistis bedeutet sowohl 'Glaube' als auch 'Treue' (Das 'Trauen' bzw. 'Glauben' des Menschen hat seine Begründung in der Treue Gottes). - Zum Zitat am Ende des Verses vgl. Hab 2, 4. - Andere Möglichkeit zu übersetzen: 'Der aus dem Glauben Gerechte wird leben'.

[19-20] Diese Lehre des Apostels hat das I.Vatikanische Konzil 1870 als Dogma (feststehender Glaubenssatz) verkündet.

[32] Die Vulgata übersetzt: 'Obgleich sie Gottes Gerechtigkeit erkannt hatten, sahen sie doch nicht ein, daß jene, die solches verüben, den Tod verdienen; und nicht bloß die solches verüben, sondern auch, die denen Beifall spenden, die es verüben.'

Kapitel 2

[14] Vgl. dazu die Lehre des Begründers der Stoa, Zenon, +260 v.Chr.: 'Das höchste Gut ist ein naturgemäßes, das heißt ein tugendhaftes Leben; denn dazu leitet uns die Natur an.'

[22] 'Tempelraub' - hier geht es um das Ausrauben heidnischer Tempel, die den Juden nicht als 'heilig' galten.

[24] Vgl. Ez 36, 20f; Jes 52, 5.

[29] Vgl. 2Kor 3, 6.

Kapitel 3

[2] 'Anvertraut' - die Israel gegebenen Heils-Verheißungen sollten auf die ganze Menschheit übergehen.

[4] Vgl. Ps 51, 6.

[10-18] Das von Paulus Zitierte entstammt verschiedenen alttestamentlichen Schriften; vgl. Ps 14, 1- 3; Ps. 5, 10; Ps 140, 4; Ps 10, 7; Jes 59, 7f; Ps 36, 2.

[19] Wörtlich: '...damit jeder Mund gestopft werde' - der behauptet, der Mensch sei fähig, kraft eigener guter Werke das Heil zu schaffen. - '...alle Welt schuldig sei vor Gott' - daß sie am Maßstab des Gesetzes erkenne, daß ihre Werke dem Anspruch Gottes nicht entsprechen.

[24] Das Gerechtfertigtwerden oder Gerechtgesprochenwerden ist nicht nur ein äußerliches 'für gerecht Erklären' sondern eine innere Neuschaffung des Menschen ('Wiedergeburt' - vgl. Joh 3, 3 - 8) durch den Heiligen Geist, der uns zu 'Kindern Gottes' macht.

²⁸ Wenn Paulus bei der Rechtfertigung in erster Linie den Glauben hervorhebt, so tut er das, weil 'der Glaube der Anfang des Heiles, die Grundlage und Wurzel aller Rechtfertigung ist. Denn ohne Glauben ist es unmöglich, Gott zu gefallen und zu seiner Kindschaft zu gelangen' (Konzil v. Trient, Sitzung 6, Kap. 7).

³¹ 'Das Gesetz richten die Christen auf, indem sie es im Glauben an Jesus Christus, der Manifestation der Gerechtigkeit Gottes, ... nicht mehr als Leistung, sondern in seinem ursprünglichen Sinn als Gabe des Willens und der Weisung Gottes erfüllen.' (H.Schlier)

Kapitel 4

³ Vgl. Gen 15, 6.

⁵ '...den Gottlosen' - gemeint ist hier nicht die theoretische Leugnung Gottes, der Atheismus, sondern die praktizierte Gottlosigkeit, die 'asebeia', der Gegensatz zur 'eusebeia', der frommen Verehrung Gottes in Wort und Tat, in Gesinnung und Vollzug.

⁷ Vgl. Ps 32, 1f.

⁹ siehe Vers 3.

¹⁷ Vgl. Gen 17, 5.

¹⁸ Vgl. Gen 15, 5.

²³ siehe Vers 3.

²⁵ Gott hat den Sühnetod Christi angenommen und den Tod zum Anfang neuen Lebens werden lassen für jeden, der Christus als dem Erstgeborenen unter den Brüdern anhängt und wie er stirbt: glaubend, was in diesem Zusammenhang soviel heißt wie: hoffend wider alle Hoffnung. (Schiwy).

Kapitel 5

[6] 'Gottlose' - vgl. die Anm. zu Röm 4, 5.

[12] Der Satz ist unvollständig. Als Nachsatz ist zu ergänzen: so ist auch durch einen Menschen (Christus) die Rechtfertigung in die Welt gekommen und durch die Rechtfertigung das Leben.

[14] Das griech. 'typos', das hier mit 'Vorbild' übersetzt wurde, kann auch bedeuten: Schlag, das Prägende, das Geprägte, Gestalt u.a. Deshalb könnte man auch übersetzen: 'Adam ist das Gegenstück des Zukünftigen' (= Christus).

[15] Immer wieder weist Paulus in diesem Abschnitt darauf hin, daß die Liebe Gottes größer ist, als die Sünde der Menschen, daß er uns mehr Gutes tut, als wir ihm Böses zufügen können, vgl. unten, Vers 20 b.

[16] '...von einem her' - von dem einen Menschen, Adam, bzw. von der einen Sünde her.

[19] Ohne Gehorsam gegenüber dem Schöpfer gibt es keine Gleichförmigkeit mit Gott, dadurch kein Heil, auch keine Religion.

[20] Das Gesetz hat die Macht der Sünde nicht gebrochen oder vermindert, sie aber bewußt gemacht und deutlicher hervortreten lassen.

Kapitel 6

[3-4] Paulus hat hier den Taufritus durch Untertauchen vor Augen. Das Hinabtauchen des Täuflings versinnbildlicht den Tod und das Begräbnis Jesu und zugleich die Ertötung und das Begrabenwerden der Sünde in der Taufe. Das Wiederauftauchen des Täuflings aus dem Taufwasser versinnbildlicht die Auferstehung Christi und zugleich die innere Erneuerung und sittliche Auferstehung des in der Taufe von der Sünde gereinigten Christen.

⁵ '...mit ihm verbunden', - wörtlich: '...mit ihm zusammengewachsen'.

¹⁶ '...dem Gehorsam' - zu ergänzen: Gott bzw. Christus gegenüber.

Kapitel 7

¹⁻⁶ Paulus führt in diesem Abschnitt den Gedanken von 6,14: 'Ihr steht nicht unter dem Gesetz, sondern unter der Gnade' weiter.

⁴ '...durch Christi Leib' - durch seinen Tod, seinen dem Tod unterworfenen Leib.

⁵ 'Solange wir fleischlich lebten' - d.h. unser selbstsüchtiges altes Dasein (ohne Christus) führten.

⁶ Nicht mehr sklavisch nach dem Buchstaben fragen: Was muß ich tun?, sondern aus dem Geist der Gotteskindschaft die Frage der Liebe stellen: Was kann ich tun?

⁷ Vgl. Ex 20, 17.

⁹ In der unbefangenen Zeit seiner ersten Kindheit lebt der Mensch ohne Gesetz. In den Unterscheidungsjahren aber bringt das Gesetz mit seinen Geboten und Verboten die in ihm schlummernde Begierlichkeit zum Bewußtsein, auch die Verlockung zur Sünde.

¹¹ Die Sünde gaukelt dem Menschen die Möglichkeit vor, das vom Gesetz geforderte Gute ohne Gott, aus eigener Kraft, tun bzw. das Böse durch immer perfektere Gesetze überwinden zu können.

¹³ '...durch das Gute den Tod' - indem der Mensch das Gute mit eigenen Kräften, auf seine Art, erreichen wollte, brachte ihn sein Autonomiestreben (= die Sünde) immer weiter weg von Gott.

²⁵ Statt: 'Dank sei Gott' liest die Vulgata: 'Die Gnade Gottes'. - Das Eingeklammerte ist wahrscheinlich eine Glosse, die in den Text schon sehr früh einbezogen worden war. In ihr werden die Verse 14-23 mit 'unpaulinischer' Terminologie zusammengefaßt.

Kapitel 8

[10] '...Christus in euch' - der Geist Gottes (= der Geist Christi) läßt Christus als Bestimmenden in uns sein.

[20] Das griech. 'metaiótes', das hier mit 'Nichtigkeit' übersetzt wird, bedeutet auch Schein, Unwirklichkeit. Seit Adam der unwirklichen Vorstellung 'wie Gott zu sein' nachjagte, wurde auch die Schöpfung zu einer 'Scheinwelt', eitlen Nichtigkeit, degradiert: der Mensch sieht in ihr, was sie nicht ist, statt als Schöpfung erscheint sie ihm unwirklicherweise als Schöpfer.

[21] 'Vergänglichkeit' ist hier nicht nur Verweslichkeit, sondern Verfall und Verderben durch Abwesenheit von Geist und Leben, Kraft und Glanz.

[29] Dem Menschen, als Gottes Ebenbild geschaffen (vgl. Gen 1, 26f.), ist in Christus ein menschlich-konkretes Vorbild gegeben.

[36] Vgl. Ps 44, 23.

[38-39] Wenn Paulus von den widergöttlichen und daher auch widermenschlichen Mächten Gewalten, Kräften spricht, meint er offenbar jene Mächte, die versuchen, auch die Menschen in ihr Unheil mit hineinzuziehen. Das geschieht, indem sie als zwar pervertierte, aber noch nicht entmachtete Hüter dieser Welt, unter den Menschen eine Atmosphäre der Versuchung zu Selbstherrlichkeit, Selbsttäuschung, Lüge schaffen, bzw. angesichts des Todes die Hoffnungslosigkeit und Verzweiflung schüren. Diese Mächte nun sind durch Christus nicht dadurch entmächtigt worden, daß er sie aus dieser Welt vertrieben hat, sondern dadurch, daß er in der göttlichen Vollmacht, der Schöpfung einen neuen Anfang setzte. Er befähigte die sich ihm anschließenden Menschen, in seiner Kraft, sich mehr und mehr Welt 'einzuverleiben', zu entdämonisieren und zu entgiften und so, unter heftigen sich gerade gegen die Christen richtenden Rückzugsgefechten von seiten der Unheilsmächte, eine neue Erde zu schaffen, den 'Himmel auf Erden', der aber erst am Ende der Heilsgeschichte vollendet sein wird. Die Unheilsmächte hingegen werden sich selbst überlassen bleiben - mit denen, die sich ihnen anheimgegeben haben; sie werden zurückgelassen in einer ihnen angemessenen Welt des Unheils. (Nach Schiwy).

Kapitel 9

[7] Vgl. Gen 21, 12.

[9] Vgl. Gen 18, 10.

[12] Vgl. Gen 25, 23.

[13] Vgl. Mal 1, 2f.

[15] Vgl. Ex 33, 18f.

[17] Vgl. Ex 9, 15f.

[18] Diese alttestamentliche Formulierung bringt drastisch und verkürzt zweierlei zum Ausdruck: einmal die Erfahrung, daß sich der Sünder oft nur noch um so mehr vor Gott verschließt, je mehr sich Gott ihm offenbart (verkürzt: Gott verhärtet!); zum anderen die Überzeugung, daß auch die Selbstverschließung des Menschen, die Sünde, noch der Verherrlichung Gottes dienen muß, so als habe Gott selbst die Sünden 'gewollt', was aber diesen Sachverhalt nur drastisch formuliert. (Schiwy) - Zur Allgemeinheit des göttlichen Heilswillen vgl. 1Tim 2, 1 - 4.

[25] Vgl. Hos 2, 1. 25.

[27] Vgl. Jes 10, 22f.

[29] Vgl. Jes 1, 9.

[33] Vgl. Jes 8, 14f; Jes 28, 16.

Kapitel 10

[5] Vgl. Lev 18, 5.

[6-8] Vgl. Dtn 30, 11 - 14; Bar 3, 29 - 31.

[11] Vgl. Jes 28, 16.

[13] Vgl. Joel 3, 5.

[15] Vgl. Jes 52, 7.

[16] Vgl. Jes 53, 1.

[18] Vgl. Ps 19, 5.

[19] Vgl. Dtn 32, 21.

[20] Vgl. Jes 65, 1.

[21] Vgl. Jes 65, 2.

Kapitel 11

[3] Vgl. 1Kön 19, 10 - 14.

[4] Vgl. 1Kön 19, 18.

[8] Vgl. Jes 29, 10; Dtn 29, 3; Jes 6, 9f.

[9] Vgl. Ps 69, 23f.

[26-27] Vgl. Jes 59, 20f; Jes 27, 9.

[34] Vgl. Jes 40, 12 - 15.

Kapitel 12

[5] Ausführlicher geht Paulus auf das Bild von der Kirche als Leib Christi in 1Kor 12, 12 - 29; Eph 1, 22f. ein. - Das Bild vom Staat als 'Leib' war der Antike bekannt. Für Platon (+347 v.Chr.) war der Staat 'gleichsam der Mensch im großen'. Nach Livius (+17 n.Chr.), dem römischen Historiographen, bediente sich Menenius Agrippa den Plebejern gegenüber, die 494 v.Chr. Rom verlassen hatten, dieses Bildes. Er erzählte ihnen: "In der Zeit, wo im Menschen nicht, wie jetzt, alles in Übereinstimmung war, sondern die einzelnen Glieder, jedes seinen eigenen Willen und seine Sprache hatte, hätten sich diese geärgert, daß durch ihre Sorge und durch ihre Mühewaltung alles für den Bauch erworben würde, der in der Mitte ruhig nichts anderes tue, als daß er die Freuden, die man ihm biete, genieße; und so hätten sie sich verschworen, daß die Hände die Speise nicht mehr zum Mund bringen, der Mund sie nicht aufnehmen, die Zähne sie nicht klein kauen wollten. Während sie so im Zorn den Bauch durch Hunger bändigen wollten, seien die Glieder und der ganze Leib abgezehrt. Dadurch sei offenbar geworden, daß auch der Bauch nicht müßig sei, sondern auch etwas zu tun habe, und wenn er wohl genährt würde, auch ernähre, indem er nach Verdauung der Speisen, das durch alle Adern verbreitete gesunde Blut, wodurch wir leben und lebenskräftig sind, in alle Teile des Körpers zurückführe. - Indem er nun einen Vergleich zog und zeigte, wie ähnlich der innere Zwist des Leibes dem Streit der Bürgerschaft gegen die Väter (= Patrizier) sei, habe er die Gemüter umgestimmt." (- Die Plebejer kehrten nach Rom zurück.)

[6] Zu den Gnadengaben, die eine Gabe des Heiligen Geistes zum Wohl der Gemeinde sind, vgl. 1Kor 12, 4 - 11. - Die Prophetengabe diente weniger der Vorhersage der Zukunft, sondern eher dem Aufdecken des göttlichen Willens; deshalb das Kriterium für ihre Beurteilung am Ende des Verses!

[19] Vgl. Dtn 32, 35.

[20] Vgl. Spr 25, 21f. - vgl. dazu auch 2Kön 6, 18 - 23.

Kapitel 13

² Vgl. aber Sir 4, 27.

³ Vielleicht denkt Paulus an die alte griechische Sitte, die sich in der römischen Zeit noch lang erhielt, daß in kaiserlichen Schreiben, Städte des römischen Imperiums wegen ihres guten Verhaltens gewürdigt und gelobt wurden.

⁷ Zu den Grenzen des Gehorsams vgl. Apg 5, 27 - 33.

¹⁴ Vgl. Gal 3, 27. - Wie ein himmlisches Gewand ist Christus bei der Taufe angezogen worden, d.h., der Täufling ist in das Sein und die Seinsweise Christi eingetreten, bzw. wurde er in sie aufgenommen. Dies befähigt ihn, der Selbstherrlichkeit und Selbstsucht (=dem 'Fleisch') zu widerstehen und 'in Christus' für andere da zu sein.

Kapitel 14

¹ Die 'Schwachen' sind jene, die nach ihrem Glauben leben wollen, 'aber, um das tun zu können, jene besonderen Maßnahmen ergreifen; weil sie es sich nicht zutrauen, ohne jenes Geländer, jene Prinzipien, jene Übungen durchzukommen, weil sie befürchten, ohne diese kleine Selbsthilfe aus der Gnade zu fallen' (Barth). - Die römischen Christen sollen sich der im Glauben Schwachen annehmen, aber nicht um ihre skrupulösen Überzeugungen oder Gesinnungen zu diskutieren, sondern um sie zu respektieren. Es soll eine gegenseitige Anerkennung der Brüder sein, die nicht miteinander streiten, sondern voreinander und vor ihren Überzeugungen, die ja Glaubensüberzeugungen sind, Achtung haben. (Schlier).

² Vgl. Dan 1, 8 - 16. - In Rom gab es wohl (uns sonst nicht bekannte) asketische Gruppierungen, die sich durch Speisevorschriften und Beachtung bestimmter Tage von anderen unterschieden. Es handelte sich hierbei nicht um unchristliche Tendenzen, denen Paulus gewiß rückhaltlos widersprochen hätte.

¹¹ Vgl. Jes 45, 23 - 25.

[23] Alles Handeln soll aus dem Glauben, d.h., aus der Bindung an Jesus, erfolgen, andernfalls ist alles, was gedacht und getan wird, offene oder verborgene Selbstgefälligkeit und deshalb 'Sünde'. Ihr verfallen sowohl 'Starke', die 'Schwache' verachten oder bedrängen, weil sie dann gegen die Liebe handeln, in der der Glaube wirksam ist, als auch 'Schwache', die 'Starke' richten und sich über deren Glauben hinwegsetzen.

Kapitel 15

[3] Vgl. Ps 69, 10.

[9] Vgl. Ps 18, 50.

[10-12] Vgl. Dtn 32, 43 (Paulus zitiert nach der Septuaginta!). - Die Schriftzitate der Verse 10-12 über die Berufung der 'Heiden', hat Paulus je aus einem der drei Teile der hebräischen Bibel ausgewählt: Aus der Thora (Gesetz = die Mose-Bücher), den Nebiim (Prophetenbücher - die 'früheren Propheten': Josua, Richter, Samuel und Könige, die 'späteren Propheten': Jesaja, Jeremia Ezechiel und die 12 sog. 'Kleinen Propheten') und den Ketubim ('Schriften': die Psalmen, Job, Sprüche, Rut, Hoheslied, Kohelet, Klagelieder, Ester, Daniel, Esra und Chronik). - Alle Teile der Schrift, also die ganze Schrift weist auf die Berufung der Heiden hin. Sich von ihnen zurückzuziehen - die Tendenz war bei Judenchristen vorhanden -, entspricht also weder dem Willen Gottes, noch dem Willen Christi, der aller Diener geworden ist.

[11] Vgl. Ps 117, 1.

[12] Vgl. Jes 11, 10.

[15] Die 'Freimütigkeit', oder 'Kühnheit', wie das griech. Wort auch übersetzt werden kann, bezieht sich darauf, daß Paulus so kompromißlos über die Gnade zu einer Gemeinde schreibt, die er selbst nicht gegründet hat und auch nicht näher kennt. Vgl. auch 2Petr 3, 15f.

[19] Ob Paulus hier nur grob von den Grenzen seiner Tätigkeit spricht, oder auf seine eigene Tätigkeit in Illyrien an der Adria hinweist, ist nicht klar. Über eine Missionsreise Pauli nach Illyrien ist sonst nichts bekannt.

[21] Vgl. Jes 52, 15.

[24] Als Geleit ist z.B. das Ausstellen von Begleit- und Empfehlungsschreiben, die Ausstattung mit Geld und Lebensmitteln sowie die Stellung kundiger Begleiter zu verstehen. - Wörtlich: '...an euch gesättigt habe' - an eurer Liebe und an eurem Glauben.

[26] Vgl. 1Kor 16, 1 - 4; 2Kor 8, 5 - 24.

[31] Vgl. Apg 21, 27 - 36. - Vielleicht befürchtete Paulus auch, daß die Jerusalemer Judenchristen die Spenden der heidenchristlichen Gemeinden ablehnen und dadurch die Einheit der Kirche gefährden könnten.

Kapitel 16

[1] Eine andere Möglichkeit, zu übersetzen: '... die Diakonisse der Gemeinde in Kenchreä ist.' - Phöbe hat wahrscheinlich den Brief des Apostels nach Rom gebracht.

[4] Bei welcher Gelegenheit sie ihr Leben für Paulus eingesetzt haben, ist nicht bekannt.

[5] Die 'Hausgemeinde' - Christen, die sich in ihrem Haus zum Gottesdienst versammelten. - Epänetus war der erste aus der Provinz Asia, der sich hatte taufen lassen.

[7] '...die bei den Aposteln angesehen sind' - man könnte auch übersetzen: 'Die unter den Aposteln hervorragen' - Andronikus und Junias wären dann als 'Jochgenossen' zu sehen, Missionare, die zu zweit als 'Sendboten' (= Apostel) das Evangelium verkündeten.

[17-18] Vor welchen Irrlehrern Paulus hier warnt, ist nicht klar; die 'Schwachen' (Röm 15, 1f) sind bestimmt nicht gemeint.

[21] 'Lucius' - Schreibweise nach der Einheitsübersetzung; nach den Loccumer Richtlinien: Luzius.

[22] Paulus hat den Brief dem Tertius offensichtlich diktiert.

²³ Gaius (vgl. 1Kor 1, 14), Erastus und Quartus waren wohl die führenden Männer der Gemeinde in Korinth, von wo aus Paulus den Brief an die Römer geschrieben hat.

1Kor

Kapitel 1

[8] Zum 'Tag Christi' vgl. 1Kor 15, 23 - 28.

[11] Chloë wird sonst nicht erwähnt. Es spricht einiges dafür, daß sie in Ephesus wohnte, wo Paulus auch diesen Brief schrieb.

[12] Kephas = Petrus; ob Petrus in Korinth gewesen war, ist ungewiß.

[13] Vgl. die Aussage des Sokrates: 'Ihr aber müßt euch, wenn ihr mir folgen wollt, wenig um den Sokrates kümmern, desto mehr aber um die Wahrheit.' (Phaidon, c. 40)

[17] '...nicht mit hochklingender Weisheit' - Paulus mußte sich in Korinth auch mit gnostischen Einflüssen, die später die Kirche in eine gefährlich Krise stürzten, auseinandersetzen (gnosis = Erkenntnis): mit der Betonung der Erkenntnis gegenüber dem Heilshandeln in und mit Christus; mit der Leibfeindlichkeit auf der einen, 'Fleischeslust' auf der anderen Seite; mit geistreichem Erlöserbewußtsein; mit der Überschätzung prophetischer Gaben und Unterschätzung der Liebe.

[18-25] Vor allem Vers 18 macht uns alle auf die Versuchung aufmerksam, die Predigt von der Erlösung durch den Gekreuzigten als Torheit abzutun oder sie umzudeuten. Dieser Verführung ist unsere Epoche besonders ausgesetzt, denn die biblische Botschaft scheint der primitiven Denkweise früherer Generationen und teilweise ungebildeter Menschen zu entstammen. - Wer so urteilt, muß sich nach den Worten dieses Briefes fragen, ob er nicht zu denen gehört, die verlorenzugehen drohen. Die prädestinatianisch klingende Formulierung ermahnt einen jeden an den Ernst seiner geschichtlichen Lebenssituation. Jesus trat nicht als großer Philosoph oder Gelehrter auf, sondern wandte sich vor allem an die Armen und Kleinen. Dadurch zwingt er uns, die übliche Einschätzung von Weisen und Gelehrten, Reichen und Großen zu korrigieren.

[19] Vgl. Jes 29, 14.

[23] Ein Beispiel, wie Gnostiker das Ärgernis des Kreuzes zu beseitigen versuchten, zeigt sich bei Basilides, dem führenden Gnostiker des zweiten Jahrhunderts: 'Wie aber der ungezeugte und unnennbare Vater ihre Verderbtheit sah, sandte er seinen eingeborenen Nous (Verstand), der Christus genannt wird, um die, welche an ihn glauben würden, von der Herrschaft jener zu befreien, die die Welt gemacht haben. Er erschien auch ihren Völkern auf Erden als Mensch und vollendete die Kräfte. Aber er hat nicht gelitten, sondern ein gewisser Simon von Zyrene, den man zwang, für ihn das Kreuz zu tragen. Dieser wurde irrtümlich und unwissentlich gekreuzigt, nachdem er von ihm verwandelt war, so daß er für Jesus gehalten wurde. Jesus aber nahm die Gestalt des Simon an und lachte sie aus, indem er dabeistand, Er war ja die unkörperliche Kraft und der Nous des ungezeugten Vaters, deswegen konnte er sich nach Belieben verwandeln und stieg so wieder zu dem hinauf, der ihn gesandt hatte, indem er derer spottete, die ihn nicht halten konnten, und unsichtbar für alle war. Befreit also sind, die dies wissen, von den Schöpferfürsten der Welt. Nicht den Gekreuzigten darf man bekennen, sondern den, der anscheinend gekreuzigt wurde, Jesus hieß und vom Vater gesandt wurde, um durch diese Veranstaltung die Werke derer zu zerstören, die die Welt gemacht haben. Wer also noch den Gekreuzigten bekennt, der ist ein Sklave und unter der Gewalt jener, welche die Körperwelt gemacht haben; die anderen aber sind ihrer Macht ledig, sie wissen, wie es der ungezeugte Vater geordnet hat.' - Nach Irenäus, Adversus haereses, I, 24, 4 (übersetzt v. E. Klebba). - Diese gnostische Sicht Jesu findet sich auch im von Mohammed verfaßten Koran (Sure 4,156: Jesus ist nicht am Kreuz gestorben, sondern ein anderer 'wurde ihm ähnlich gemacht', während er zum Himmel erhoben wurde. - Da der Islam keine Erbsündenlehre kennt, besteht auch keine Notwendigkeit einer Erlösung durch den Tod Jesu).

[31] Vgl. Jer 9, 22f.

Kapitel 2

[3] 'Furcht und Zittern' ist die alttestamentliche Beschreibung des Zustandes eines Menschen, der Gottes Zorn erfahren hat. - Wer das Kreuz Christi anerkennt, anerkennt Gottes Gericht.

⁶ Als 'Fürsten dieser Welt' (dieses 'Äons' = Zeit, Weltzeit) sind kosmische, dämonische Mächte zu verstehen, die die Menschen zu versklaven versuchen.

⁹ In dieser Form steht das Zitat nicht im Alten Testament; vgl. Jes 64, 3.

¹⁴ Dem 'irdisch Gesinnten' (dem 'Psychiker'), stellt Paulus den 'Pneumatiker' (pneuma = Geist), den vom Geist Gottes Erfüllten, gegenüber.

¹⁶ Vgl. Jes 40, 13f.

Kapitel 3

¹³ Der 'Tag' (des Herrn) ist der Tag des Gerichtes, vgl. Mal 3, 18 - 20.

¹⁹ Vgl. Ijob 5, 13.

²⁰ Vgl. Ps 94, 11.

Kapitel 4

⁸ Die Korinther sind überzeugt, Anteil an Gottes Herrschaft schon zu besitzen, da sie Anteil am erhöhten Christus besitzen, denn sie besitzen doch den Geist! Dagegen richtet Paulus, wie Phil 3, 12 - 16 den eschatologischen (endzeitlichen) Vorbehalt auf. Die Korinther verkennen die Situation: Zwischen der Gegenwart und dem 'Ziel' steht die Parusie (das Kommen Christi) und das Gericht - das sie in ihrer Selbstsicherheit hinter sich zu haben glauben.

²¹ Rabbi Schimeon ben Jochai (um 150 n.Chr.) sagte: 'Ein Brot und ein Stock kamen zusammengebunden vom Himmel hernieder. Gott sprach zu den Israeliten: Wenn ihr die Thora (das in den Mose-Büchern enthaltene Gesetz) tut, siehe, so ist Brot zum Essen; wenn aber nicht, siehe, so ist der Stock, um damit geschlagen zu werden... Wenn

ihr willig und gehorsam seid, sollt ihr das Beste des Landes essen; wenn ihr euch aber weigert und widerspenstig seid, sollt ihr vom Schwert gefressen werden; denn Jahwe hat es geredet.'

Kapitel 5

[2] Vgl. dazu Lev 20, 11; nach römischem Recht galt ein Verhältnis zwischen Stiefeltern und Stiefkindern bei Bestehen der Ehe als Ehebruch und Inzest, nach ihrer Auflösung bleibt es Inzest und wurde in der Regel mit Deportation bestraft. - In der irregeführten Gnosis hatten die 'Vollkommenen' das große Wort. Irenäus (um 200 n.Chr.) berichtet von den Markosiern: 'Sie gaben sich für die Vollkommenen aus, niemand könne ihnen an Größe der Erkenntnis gleichkommen, kein Paulus und kein Petrus und keiner von den Aposteln; sie wüßten mehr als alle und sie allein hätten die große unsagbare Gnosis getrunken; sie ständen in der Höhe über aller Kraft, deswegen sei ihnen erlaubt, alles zu tun, und niemand brauchten sie zu fürchten. Durch die Erlösung seien sie für den Richter unangreifbar und unsichtbar.' (Adv. haer. I,13,6). Von den Valentianern schreibt Irenäus (ebd. I,6,4): 'Während sie vieles Schändliche und Gottlose begehen, fallen sie über uns, die wir aus Gottesfurcht uns hüten, auch nur in Gedanken oder Worten zu sündigen, wie über Idioten und Dummköpfe her; sich selbst aber überheben sie, indem sie sich als die Vollkommenen und den Samen der Auserwählten bezeichnen. Wir sollen die Gnade nur zum Gebrauch erhalten und danach wieder verlieren, sie wollen die Gnade von oben her aus der unaussprechlichen und unnennbaren Verbindung als ihr Eigentum in Besitz haben.'

[3-4] Die beiden Verse können auch übersetzt werden: '(3) Was mich angeht, so habe ich - leiblich zwar abwesend, geistig aber anwesend - mein Urteil über den, der sich so vergangen hat, schon jetzt gefällt, als ob ich persönlich anwesend wäre: (4) Im Namen unseres Herrn, wollen wir uns versammeln, ihr und mein Geist, und zusammen mit der Kraft Jesu unseres Herrn, (5)...

[9] Ob der erwähnte Brief verloren gegangen ist oder (teilweise?) in diesen Brief aufgenommen wurde, ist umstritten.

Kapitel 6

[1] 'Ungerechte' = Gesetzlose, bei den Juden Bezeichnung der Heiden. - Auch bei den Juden war es verpönt, gegen einen Israeliten vor heidnischen Gerichten zu prozessieren.

[2] Vgl. dazu Dan 7, 21f; Weish 3, 1 - 8.

[7] Vgl. Mt 5, 38 - 42.

[9] 'Knabenschänder' - das hier und 1Tim 1, 10 verwendete Wort 'arsenokoitäs' kann sich sowohl auf den sexuellen Verkehr zwischen einem Mann und einem Knaben beziehen als auch auf den zwischen (gleichalterigen) Männern. Laut Walter Bauer, Wörterbuch zum NT, 'jemand, der mit Männern und Knaben Unzucht treibt'; gemäß Liddell & Scott, Greek-English-Lexicon, S.246: wird es nur mit dem Wort 'sodomite' wiedergegeben. Der Akzent liegt wohl auf der aktiven Form der Homosexualität; in diesem Sinne wird der Begriff 'Knabenschänder' dem griechischen Begriff 'arsenokoitäs' besser gerecht als 'Homosexueller', da letzterer Begriff den Aspekt der aktiven Tat nicht gut ausdrückt. Aber die Grenze ist sprachlich und in der Praxis der Pädophilie/Homophilie recht schwimmend. Gemeint ist hier jedoch wohl mehr die machtmißbrauchende aktive Form der Sexualität von Männern mit Knaben und/oder Männern; deren Opfer, Knaben oder Männer, sind in jedem Fall beklagenswert. Vgl. aber auch Röm 1, 25 - 27.

[12] 'Alles ist mir erlaubt' - der Slogan, dem Paulus zweimal Grenzen setzt, scheint in Korinth von gnostischen Kreisen verbreitet worden zu sein. Sie sahen den 'materiellen' Leib als von widergöttlichen, materiellen Mächten beherrscht. Durch die von Gott vermittelte 'Gnosis' (= Erkenntnis) sollte der 'Geist', das Materielle beherrschen. Die Verachtung des Materiellen führte: 1) zur Leibfeindlichkeit, die sich in übertriebener Askese (Enthaltung von Fleischspeisen, strenge Lebensführung, Ablehnung der Eheschließung, Unterdrückung der Sexualität), oder aber 2) zur schrankenlosen Freiheit in allem, was zum Materiellen gehört, da der empfangene 'Geist' unverlierbar und unverletzlich sei (in Korinth, das einschlägig berüchtigt war, führte letztere Folgerung offenbar zu sexueller Ausschweifung, s. V.13-19, und bedenkenloser Teilnahme an heidnischen Veranstaltungen und Opfern, s. 1Kor 8).

[16] Vgl. Gen 2, 24.

[20] 'Um einen (teuren) Preis...' - vgl. Mk 10, 45.

Kapitel 7

[12-16] Die Ehe ist grundsätzlich unauflöslich. Doch erlaubt das sog. 'Privilegium Paulinum', daß der christlich gewordenen Teil der Eheleute sich von seinem Partner trennen und eine neue Ehe eingehen kann, wenn dieser nicht bereit ist, mit ihm die Ehe fortzusetzen. Ist der heidnisch gebliebene Partner aber bereit, den Glauben des christlich gewordenen zu respektieren und die Ehe mit ihm fortzusetzen, darf der Christ die Ehe nicht auflösen. Anm zu 1Kor 6, 9.

[18] Vgl. 1Makk 1, 15.

[23] '...um einen (teuren) Preis' - vgl. Mk 10, 45.

[36-38] Aus dem griechischen Text wird nicht ganz klar, ob der Rat dem Vater gegenüber seiner Tochter oder dem Verlobten gegenüber seiner Braut erteilt wird, der zögert, wegen der bald erwarteten Wiederkunft Christi zu heiraten und sich (falls verheiratet? - V.27) enthält, um Kinder nicht der endzeitlichen Drangsal auszusetzen. Andere übersetzen: 'Wenn aber jemand meint, an seiner Jungfrau nicht recht zu handeln, wenn er in der Vollkraft ist, und es so geschehen muß, so tue er, was er will. Er sündigt nicht; sie sollen heiraten!' - oder: 'Wenn aber jemand denkt, er handle ungeziemend mit seiner Jungfrauschaft, wenn er über die Jahre der Blüte hinausgeht, und es muß also geschehen, so tue er, was er will; er sündigt nicht: sie mögen heiraten.'

Kapitel 8

[1] Bei Tieropfern wurde nicht immer das ganze Tier auf dem Altar verbrannt. Ein Teil fiel der Priesterschaft zu (vgl. Dtn 18, 1 - 4; auch: 1Sam 2, 12 - 17), ein anderer wurde beim Opfermahl vom Spender, seiner Familie und evtl. eingeladenen Gästen verzehrt (das Mahl als Zeichen der Gemeinschaft mit der Gottheit), ein Teil konnte zum Verkauf auf den Markt gelangen.

Kapitel 9

⁴ '...zu essen und zu trinken' - auf Kosten der Gemeinde.

⁶ '...die Arbeit zu unterlassen' - um den eigenen Lebensunterhalt zu verdienen, mit anderen Worten, seinen Unterhalt von der Gemeinde zu fordern.

⁹ Vgl. Dtn 25, 4.

¹⁰ Kein Zitat, sondern freie Zusammenstellung biblischer Bilder.

¹¹ Vgl. Lk 10, 7; Mt 10, 8. 10; Röm 15, 25 - 27.

¹⁵ Der Abbruch des mittleren Satzes zeigt, wie erregt Paulus beim Diktat dieser Stelle war.

¹⁶ Vgl. Jer 1, 17 - 19; Jer 20, 7 - 18.

²⁷ 'Ich schlage meinen Leib' ('ich schlage' - im Griechischen: ich treffe ihn unters Auge = mißhandle, kasteie ihn) - im Dienst des Evangeliums setzte Paulus seinen Körper bis zum letzten ein (vgl. 2Kor 11, 23 - 33).

Kapitel 10

¹ Vgl. Ex 13, 21f; Ex 14, 19 - 22.- Die Wolke war Zeichen der Gegenwart Jahwes.

² Vgl. Dtn 18, 15. - Mose wird als Vorbild Jesu gesehen.

³ Vgl. Ex 16. - 'Geistig' im Sinne von 'Geist übereignend'.

⁴ Vgl. Num 20, 7 - 11. - Nach der jüdischen Tradition (Haggada) 'wanderte' der Fels mit den Israeliten, 'ging mit ihnen hinauf auf die Berge und stieg mit ihnen hinunter in

die Täler.' (In der Bibel wird Gott oft als 'Fels' bezeichnet, vgl. Gen 49, 24;Dtn 32, 4. 15;2Sam 22, 2. 47;2Sam 23, 3;Ps 18, 3. 32. 47;Ps 28, 1;Ps 92, 16;Ps 95, 1;Jes 17, 10;Jes 26, 4;Jes 30, 29;Hab 1, 12.)

[7] Vgl. Ex 32, 6. - Der Tanz konnte auch eine Kulthandlung sein (z.B. Davids Tanz vor Jahwe, vgl. 2Sam 6, 12 - 15); der 'Tanz um das goldene Kalb' war für die Israeliten Götzendienst.

[8] Vgl. Num 25, 1 - 9; nach dem Urtext der griechischen Septuaginta, auf die sich Paulus stützt, kamen 23000 um - daher der Unterschied in der Zahlenangabe (bei Paulus: 23000, nach dem hebräischen Text: 24000).

[9] Vgl. Num 21, 4 - 9.

[10] Vgl. z.B. Num 17, 6 - 15.

[16] Zur Problematik der interkonfessionellen Abendmahlfeier vgl. die Anm. zu Mt 26, 26.

[18] Wer am Opfermahl teilnimmt, tritt in Gemeinschaft mit der Gottheit, der das Opfer dargebracht worden war; dies brachte z.B. das Mahl am Altar des goldenen Kalbes zum Ausdruck.

[23] Vgl. 1Kor 6, 12

[29] Es handelt sich um das Gewissen des Heiden, der den Christen auf die Herkunft des Fleisches aufmerksam gemacht hat (um ihn auf die Probe zu stellen?). Durch Mitessen würde der Christ den Heiden in seinem Glauben bestärken. - Ich weiß, daß ich frei bin, das 'Geopferte' zu essen, doch mit Rücksicht auf den anderen verzichte ich darauf! - Der Gesunde kann essen, was der Kranke nicht verträgt, er wird aber nicht krank, wenn er auf diese Speise verzichtet.

Kapitel 11

² Mit den 'Überlieferungen' sind Glaubensüberzeugungen, und -formeln, Gebete, Vorschriften für die Gottesdienstgestaltung, Gemeindeordnung und Lebensführung gemeint. Daß manche dieser überlieferten Normen zeitlich bedingt sind, immer wieder überprüft und geändert werden können oder müssen, steht auf einem anderen Blatt, vgl. Mt 15, 1 - 8.

³ Der Mann folgt Christus nicht nur darin nach, daß er sich von ihm regieren läßt, und die Frau steht nicht nur darin in der Nachfolge Christi, wenn sie in ihrem Mann Christus sieht - sondern beide bezeugen den Herrn auch dadurch, daß sie wie er nicht ihrem eigenen Kopf folgen, sondern sich letztlich nach dem Willen Gottes richten. In Christus vereint sich nach dem Willen Gottes die Vielfalt und das Unterschiedene in Liebe, ohne seine Unterschiede zu verlieren und totes Einerlei zu werden. (Schiwy)

⁴ Vgl. auch Anm. zu 1Kor 14, 33 - 35; 1Tim 2, 11 - 15.

⁵ Zu 'Geschorene' vgl. Dtn 21, 10 - 14.

⁶ 'Abschneiden - kahlscheren' - wie beim Mann üblich.

¹⁰ 'Macht auf dem Haupt' - die Deutung ist schwierig. Soll die Frau den Schleier als Zeichen der Anerkennung der Macht des Mannes oder (s.V.5) als Zeichen der Vollmacht, prophetisch zu reden, tragen? - Die Engel sind Wächter über die gottgewollte Ordnung.

¹⁷ Das 'Agape(=Liebes)mahl' war mit der Eucharistiefeier, dem Herrenmahl, verbunden. Reichere Gemeindemitglieder teilten ihre Speisen mit ärmeren. Der Empfang des Leibes Christi soll ja dazu führen, daß die ihn Empfangenden in brüderlicher Liebe den Leib Christi aufbauen. Im Gruppenegoismus, der sich in Korinth breitgemacht hatte, sah Paulus die Gefahr, daß das Sakrament als magisches Zeichen, das, unabhängig von der Einstellung des Empfängers, diesem den Geist und das Heil vermittelt, mißdeutet werde.

²³⁻²⁵ Paulus hat den ersten Brief an die Korinther noch vor dem ersten schriftlichen Evangelium (Mk) geschrieben. Wir haben hier den ältesten überlieferten Bericht über die Einsetzung der Eucharistie. Die sog. 'Paulinische (Eucharistie)Formel', der die von

Lukas überlieferte nahesteht (vgl. Lk 22, 19f.), unterscheidet sich von der Urformel, wie sie am deutlichsten von Mk 14, 22 - 25 überliefert wurde, durch sprachliche und sachliche Überarbeitung für das heidenchristliche hellenistische Milieu. Stilanalysen haben ergeben, daß diese für den Gottesdienst und die Verkündigung vorgenommene Überarbeitung nicht von Paulus stammt, sondern von ihm bereits aus den hellenistischen Christengemeinden (Antiochien?) übernommen worden ist, wo sie vermutlich Anfang der vierziger Jahre n.Chr. aus den ursprünglichen Herrenworten entwickelt worden ist. Der Kern (die Deuteworte) der uns überlieferten Eucharistieformeln trägt die Kennzeichen von Jesusworten. Die wissenschaftliche Analyse bestätigt somit, was Paulus betont: 'Ich habe vom Herrn empfangen...' (Nach Schiwy)

[26] '...verkündet ihr den Tod des Herrn' - Das Konzil von Trient (1545 - 1563; Kanon 3) faßte das Verständnis der Kirche hinsichtlich der Meßfeier als unblutige Erneuerung des Kreuzopfers Christi zusammen: 'Wer sagt, das Meßopfer sei nur Lob- und Danksagung oder das bloße Gedächtnis des Kreuzesopfers, nicht aber ein Sühnopfer...: der sei (von der Kirche) ausgeschlossen.' - Paulus warnt, die Meßfeier allein als Mahl zu sehen; sie ist Vergegenwärtigung des Opfers Christi. Der Priester spricht die Konsekrationsworte. Er ist theologisch gesprochen 'der Geweihte', der stellvertretend für Christus und in seinem Namen das Opfer weiht und darbringt. Das Amt und die Würde des katholischen Priesters waren von Anfang an durch die Meßfeier, nicht durch die Leitung der Gemeinde definiert. Obwohl die westlichen Sprachen die griechische Bezeichnung 'presbyteros' (= Ältester) als Wurzel des Wortes 'Priester' aufgenommen haben, ist die lateinische Bezeichnung 'sacerdos' (= Geweihter) dem Begriff des Priestertums im Alten wie im Neuen Testament näher.

[24] Zur Problematik der interkonfessionellen Abendmahlfeier vgl. die Anm. zu Mt 26, 26.

Kapitel 12

[2] Zu 'stumme Götzen' vgl. Hab 2, 18f. - '...mit unwiderstehlicher Gewalt' - (wörtlich: hingerissen, wie in Ekstase) - das Phänomen der Ekstase kann sowohl in christlichen wie auch in nichtchristlichen Kulten als Werk von Ungeistern oder durch bloße Selbsterregung auftreten. Um zu beurteilen, ob dieser Zustand vom Geist Gottes hervorgerufen wurde, braucht es der 'Unterscheidung der Geister'. - Zu beurteilen ist nicht das Ereig-

nis, sondern sein Inhalt und seine Auswirkungen. Das Kriterium dafür, so zeigt Paulus im folgenden, ist die christliche Wahrheit.

[10] 'Zungenreden' = Glossolalie - Reden in religiöser Begeisterung (vgl. Num 11, 24 - 30). - In Korinth war das Zungenreden, wohl gerade weil es unverständlich war, als Reden in der 'Himmelssprache' (vgl. 1Kor 13, 1) besonders geschätzt. Zur Einschätzung der Glossolalie durch Paulus vgl. 1Kor 14.

[12] Vgl. Anm. zu Röm 12, 5.

Kapitel 13

[1-3] Ohne Liebe dienen die verschiedenen Gnadengaben nicht dem Aufbau des 'Leibes Christi', sie schlagen vielmehr ins Gegenteil um. - 'Zimbel' - ein Handbecken, das bei Tanz und Gesang und auch beim Tempelgottesdienst benutzt wurde.

Kapitel 14

[1] Die Propheten verkünden und erschließen den Menschen den Willen Gottes und zeigen in der Geschichte das Heilswirken Gottes auf.

[21] Vgl. Jes 28, 11f.

[29] Die prophetische Rede soll von der Gemeinde (oder von den anderen Propheten?) 'beurteilt' werden, um mit den Kriterien für die Unterscheidung der Geister (vgl. 1Kor 12, 10), religiöser Schwärmerei vorzubeugen.

[31] Mit 'alle' sind wohl nicht nur die 'offiziellen' Propheten gemeint, sondern alle Gemeindemitglieder, denen eine Gottesoffenbarung zuteil wurde, damit der Wille Gottes umso umfassender erkannt werde; nur soll die prophetische Rede nicht rücksichtslos, sondern in Liebe, geordnet, ohne daß andere dazwischenreden, erfolgen.

³² Da Gott kein Gott der Unordnung ist (s.V.33), sich also auch nicht selbst widersprechen kann, anderseits der Mensch kein willenloses Instrument des ihn inspirierenden Geistes ist, vielmehr über ihn 'herrscht', indem er seine Eingebung formuliert, ihm seine Stimme gibt, oder sie ihm verweigert, kann der Prophet sich nicht unter Berufung auf den Befehl des 'Geistes', eine 'höhere Offenbarung', über die Gemeindeordnung und schon gar nicht über die apostolische Christusverkündigung hinwegsetzen. Tut er das, so redet er aus seinem eigenen, nicht aber aus Gottes Geist; vgl. auch Anm. zu 2Petr 1, 20.

³³⁻³⁵ Die Verse 33b bis 35 sind mit 1Kor 11, 5 schwer in Einklang zu bringen, entsprechen aber in etwa 1Tim 2, 11 - 15. Manche Exegeten sehen in ihnen eine Interpolation.

³⁴ Vgl. Gen 3, 16.

³⁶ Dieser Vers setzt den nach V.33a abgebrochenen Gedankengang fort.

Kapitel 15

¹ Die Auferstehung der Toten wurde von den Gnostikern geleugnet, die nur der Geistseele Erlösung und ewiges Leben zugestanden; der Leib, der der 'bösen' Materie entstammte, war ihrer Ansicht nach der Vernichtung preisgegeben. 'Undankbar gegen den Schöpfer entstellen sie ihn durch ihre verkehrten Anschauungen... Was Gott gebildet hat, verachten sie.' (Irenäus; 2.Jhd; Adv.haer.I, 22,1). - Gegen die Verfälschung des Evangeliums von Jesu Tod und Auferstehung (der Ausdruck betont das Tun Jesu) bzw. Auferweckung (die Betonung liegt auf dem Tun des Vaters, Gottes), legt Paulus den Glauben der Kirche dar und begründet ihn, dabei hebt er hervor, daß er selbst diesen Glauben schon vorgefunden und übernommen hat.

⁵ Kephas = Petrus.

⁶ 'Brüder' = Christen. - Die Erscheinung des Auferstandenen vor 500 Zeugen, von denen viele 54/57, zur Zeit der Abfassung des Briefes an die Korinther, noch lebten, wird in den Evangelien nicht erwähnt.

[7] Daß Jesus Jakobus, dem 'Herrenbruder', erschienen ist, einem der später führenden Männer in der jerusalemer Christengemeinde (vgl. Gal 2, 9. 12.), berichten die Evangelien nicht.

[23] Die Vulgata liest: '...die Christus angehören und an seine Wiederkunft geglaubt haben.'

[27] Vgl. Ps 8, 6f.

[29] Dies setzt voraus, daß in Korinth manche Christen stellvertretend für ihre im Heidentum Verstorbenen die Taufe empfingen, um dadurch für sie die Erlösung zu erbitten.

[32] Daß Paulus in Ephesus zum Kampf mit wilden Tieren verurteilt wurde, ist an anderer Stelle nicht überliefert; der Ausdruck ist wohl nicht wörtlich zu verstehen. - Das Zitat ist aus Jes 22, 13.

[33] Zitat aus der Komödie 'Thais' von Menander (geb. um 343 v.Chr.).

[45] Vgl. Gen 2, 7.

[51] Die Vulgata liest: 'Wir werden alle auferstehen, aber nicht alle verwandelt werden.'

[54-55] Vgl. Jes 25, 7f; Hos 13, 14.

[56] 'Eine typisch paulinische Ausdrucksweise für die Überzeugung, daß die durch die Sünde verursachte Ohnmacht des Menschen sich gerade in seinem Scheitern am Gesetz Gottes offenbart, dieses Scheitern also den Menschen immer wieder und tiefer zum Tod verurteilt, so daß der Mensch, wollte er sich selbst am Gesetz Gottes ausrichten und sich das Leben neu 'verdienen', zur Hoffnungslosigkeit verurteilt ist.' (Schiwy)

[58] Die Liebe des Menschen bleibt - auch wenn sie von anderen nicht angenommen wird - letztlich nicht unerwidert, das Gute nicht unbeachtet und ohne Anerkennung.

Kapitel 16

¹ Die Sammlung von Spenden sollte für die Bedürftigen der jerusalemer Gemeinde erfolgen; vgl. Gal 2, 9f; Röm 15, 25 - 27.

² 'Erster Tag der Woche' = Am Sonntag, dem Tag der Auferstehung Christi (vgl. Mt 28, 1 - 10), versammelte sich die Gemeinde zur Eucharistiefeier.

¹⁵ Den Stephanas hatte Paulus selbst in Korinth getauft, vgl. 1Kor 1, 16. Er gehörte zu der Abordnung (s. V.17), die Paulus in Ephesus aufsuchte, ihm einen Brief der Gemeinde überbrachte und ihn über die Lage in Korinth informierte.

²² 'Marána tha!' - Die aramäische liturgische Formel, die aus der Herrenmahlsfeier der palästinensischen Urgemeinde stammt und von dort unübersetzt auch in den Gottesdienst griechisch sprechender Gemeinden übernommen wurde, kann mit 'Unser Herr ist gekommen!' oder 'Unser Herr, komm!' übersetzt werden. Sie enthält somit das Bekenntnis zur Gegenwart des Herrn im eucharistischen Mahl wie auch die Bitte um das baldige Kommen des Herrn in Herrlichkeit (die Parusie, vgl. Offb 22, 20). Dieses älteste Zeugnis für die kultische Verehrung Jesu ist auch ein Beweis dafür, daß Jesus nicht erst im hellenistischen Christentum als (göttlicher!) 'Herr' (Kyrios; griech.) bezeichnet wurde.

2Kor

Kapitel 1

[8-10] Handelte es sich hier um den sog. Demetriusaufstand, vgl. Apg 19, 23 - 40 - oder um den Kampf mit 'wilden Tieren', von dem der Apostel in 1Kor 15, 32 berichtet?

[14] 'Tag unseres Herrn Jesus' - Tag des Gerichtes.

[15-16] Entgegen dem ursprünglichen Plan (vgl. 1Kor 16, 5 - 9) wollte Paulus Korinth zweimal besuchen: auf der Hinreise nach und auf der Rückreise von Mazedonien. Wegen der Vorfälle in Korinth war aber Paulus von Ephesus aus direkt nach Korinth gereist, wo eine einflußreiche Gruppe gegen ihn agierte und einer ihn sogar persönlich schwer beleidigte. Unverrichteter Dinge kehrte Paulus nach Ephesus zurück und schickte Titus (mit einem verlorengegangenen? oder in den vorliegenden ganz oder teilweise eingearbeiteten? Brief) nach Korinth, der einen Umschwung in der Gemeinde bewirkte. Titus berichtete darüber Paulus in Mazedonien, wohin dieser gemäß seinem ursprünglichen Plan gereist war. Von dort schrieb Paulus diesen Brief, von dort wollte er auch ein drittes Mal nach Korinth kommen (vgl. 2Kor 12, 14).

Kapitel 2

[1] 'Nicht wieder' = Paulus wollte nicht ein zweites mal ein Fiasko erleiden (vgl. Anm. zu 1Kor 1, 15).

[3-4] Gemeint ist damit nicht unser 1. Korintherbrief, sondern der durch Titus (?) überbrachte, vgl. Anm. zu 1Kor 1, 15.

[5] Gemeint ist nicht der Vorfall von dem 1Kor 5, 1 - 5, sondern der persönliche An-

griff auf Paulus während dessen letzten Aufenthaltes in Korinth (vgl. Anm. zu 1Kor 1, 15).

[13] Der Gedankengang wird in 2Kor 7, 5 - 16 fortgeführt.

[14] 'Duft' - nach antiker Vorstellung war Wohlgeruch Zeichen göttlicher Gegenwart und göttlichen Lebens (der Teufel dagegen stinkt).

[16] Zur zweifachen Wirkung des Evangeliums vgl. auch 1Kor 1, 18. (Ähnlich wird in der rabbinischen Literatur die doppelte Wirkung der Thora mit der Doppelwirkung der Arznei verglichen: '...indem er sich mit der Thora um ihrer selbst willen befaßt, wird sie zu einer Arznei des Lebens, ... jedem aber, der sich mit der Thora nicht um ihrer selbst willen befaßt, wird sie zu einer Arznei des Todes.'). - 'Wer ist dazu befähigt' - das apostolische Amt auszuüben! (Die Antwort wird in 2Kor 3, 4 - 6 gegeben!)

Kapitel 3

[3] Die Tinte war leicht löschbar. - Vgl. auch Ex 24, 12; Ex 34, 1; Ez 11, 19; Ez 36, 26f; Jer 31, 33.

[4] 'Die vertrauensvolle Selbstsicherheit des Apostels vor Gott steht allein auf dem Heilswerk Christi; die Fähigkeit zu apostolischem Wirken kann der Mensch nicht mit eigenen Kräften erwerben (s.V.5f.), er darf sich hier nicht verwegen auf sein eigenes Urteil verlassen.' (Otto Kuß)

[7] Vgl. Ex 34, 29f. - Während Paulus im ersten Brief gegen gnostische Einflüsse in Korinth anzukämpfen hatte, wendet er sich im zweiten gegen christlich/judaistische Wanderprediger: Der Herrlichkeit des Mose (= des alten Bundes) stellt er die alles überragende Herrlichkeit Christi entgegen, die aber auch Leiden und Kreuz einschließt.

[9 - 10] Die Herrlichkeit des Alten Bundes verblaßt vor der des Neuen!

[12] 'Hoffnung' - auf die unvergängliche Herrlichkeit Christi. - 'Freimut' - Mut zum öffentlichen Bekenntnis. Die Spitze richtet sich gegen die Gnostiker, deren 'Eingeweihte', 'Geistbegabte' vorgaben, von Gott mehr zu wissen, als sie sagen dürften, und gegen

die geheimnisvolle, mehr verhüllende als erklärende Art, über Gott zu reden.

[13] Vgl. Ex 34, 33 - 35.

[16] Vgl. Ex 34, 34 - Mose nahm die Hülle ab, wenn er mit Gott sprach.

Kapitel 4

[4] 'Gott dieser Welt' (= Satan; im griech.: 'dieses Äons' = Zeitalters) - Paulus nimmt den gnostisch geprägten Begriff auf, 'weil für ihn die verführerische und verderbliche Macht dieses Äons, bzw. der 'Welt' positiv aktive Gegenmacht gegen Gott ist, nicht etwas relativ Minderwertiges, im Grunde Harmloses. Die Welt ist nicht 'unvollkommen', sondern böse. Der Mensch erfährt sie als verführend und verderbend; als verführend dadurch, da sie sich ihm anbietet, als seiner Lust und Leistung, seinem 'Ruhm' verfügbar; als verderblich, weil sie den, der sich in der Illusion, über sie zu verfügen, auf sie einläßt, zum Sklaven macht. Er verfällt ihr und entgleitet damit sich selbst.' (Bultmann)

[7] 'Irdenes Gefäß' - aus Ton hergestelltes, leicht zerbrechliches Gefäß.

[12] Indem Paulus bereit ist, während seiner apostolischen Tätigkeit in das Todesleiden Jesu hineingenommen zu werden, vermittelt er durch die Verkündigung des Evangeliums seinen Zuhörern das Leben mit Christus.

[13] Vgl. Ps 116, 10.

Kapitel 5

[1] '...unser irdisches Zelt' = der sterbliche Leib.

[3] 'Die von Griechen und Gnostikern ersehnte ¿Nacktheit¡ der Seele, ihre Befreiung vom Leib, ist für Paulus, der aus der pharisäischen Tradition stammt und den aufer-

standenen Jesus gesehen hat, keine Erlösung. Nicht ¿Entkleidung¡, Entleiblichung des Menschen, sondern ¿Überkleidung¡, neue Verleiblichung, ist die uns zugedachte ewige Seinsweise.' (Schiwy)

[16] Im Geist Christi erkennen wir hinter dem Sichtbaren das Unsichtbare, hinter dem äußeren Schein das wahre innere Sein: Im Leiden die Erlösung, im Tod das Leben, im Gekreuzigten den Sohn Gottes...

[18] Der Begriff 'Versöhnen' hebt das auf Gemeinschaft mit dem Menschen gerichtete Tun Gottes hervor (versöhnen = an Kindes, 'Sohnes' Statt annehmen).

Kapitel 6

[2] Vgl. Jes 49, 8.

[12] Im griechischen: '...ihr aber seid beengt in euren Herzen.'

[14] (Zu 2Kor 6,14-7,2:) Dieser Abschnitt wirkt wie ein fremder Einschub oder Zitat; der Gedankengang wird unterbrochen, die Wortwahl entspricht nicht dem üblichen paulinischen Vokabular. - Zum Bild vgl. Dtn 22, 10.

[15] 'Beliar' - wohl abgeleitet von 'belial' = Nichtsnutzigkeit, Bosheit (vgl. die Anm. zu Dtn 13, 14) - Bezeichnung für den Satan in der außerbiblischen Literatur.

[16-18] Komposition aus alttestamentlichen Texten: Lev 26, 11f; Jes 52, 11; Jer 32, 38.

Kapitel 7

[2] Mit diesem Vers wird der nach 6,13 unterbrochene Gedankengang fortgeführt.

[5] Dieser Vers schließt an 2,13 an.

[8] 'Jener Brief' - gemeint ist nicht der 1.Korintherbrief, sondern der 'Zwischenbrief' (s. Anm. zu 2Kor 1, 15).

[12] Der Beleidigte war offensichtlich Paulus selbst.

Kapitel 8

[1] Zur Kollekte für die Armen der Christengemeinde in Jerusalem vgl. Gal 2, 10.

[14] Vgl. Röm 15, 26f.

[15] Vgl. Ex 16, 18.

[20] Paulus hatte schon früher gebeten, daß von der Gemeinde Vertrauensmänner bestellt würden, die die die Spende nach Jerusalem bringen sollten, um von vornherein Verdächtigungen den Boden zu entziehen, vgl. 1Kor 16, 3f.

[23] Die ursprüngliche Bedeutung von 'apostéllein' ist 'aussenden'. Im engeren Sinn wird der Begriff auf die 'Zwölf' angewendet, er konnte aber auch im weiteren Sinn gebraucht werden, z.B. für Abgesandte einer Gemeinde (vgl. Apg 13, 1 - 3; Phil 2, 25). Im griech. Originaltext bezeichnet Paulus die 'Abgesandten der Gemeinden' als 'Apostel'.

Kapitel 9

[9] Vgl. Ps 112, 9.

[11-15] Paulus sieht die Spender als die von Gottes Gnade Beschenkten. Deshalb spricht er auch nicht vom Dank der jerusalemer Gemeinde gegenüber den griechischen, sondern von der Danksagung an Gott. Da Gottes Ehre das Ziel des christlichen Handelns ist, führt die Besorgung der Dienstleistung (V.12; leiturgía, Liturgie) zur Danksagung (eucharistía), auch dafür, daß Gott seine Gnade den Heiden ebenso wie den Juden zu-

wendet (V.13).

Kapitel 10

[1] Der plötzliche Wechsel des Tons und der provozierende Inhalt der Kapitel 10,1 - 13,10 - nachdem Paulus im vorhergehenden Teil des Briefes so rücksichtsvoll um die gefährdete Gemeinde geworben hat - führte zu der Überlegung, ob man es hier nicht mit einem anderen Brief oder einem Teil von ihm zu tun hat, vielleicht mit dem 'Tränenbrief', den Titus(?) der Gemeinde überbracht hatte (s. Anm. zu 2Kor 1, 15) und den spätere Redakteure in unseren zweiten Korintherbrief eingearbeitet hätten. Die Hypothese ist umstritten. Bei dem leidenschaftlichen Charakter des Paulus und bei unserer Unkenntnis der konkreten Umstände, in denen er den den vorliegenden Brief diktiert hat, ist ein solcher Stimmungs- und Themenwechsel wohl möglich, zumal es sich um einen Frontwechsel handelt: Hat Paulus bisher mehr die ganze Gemeinde angesprochen, die sich in ihrer Mehrzahl wieder mit ihm aussöhnen will, so faßt er jetzt die Gruppierung ins Auge, die geschart um die 'Überapostel' (vgl. 2Kor 11, 5; 2Kor 12, 11) ihm seine apostolische Autorität weiterhin bestreitet. - Auf jeden Fall steht die paulinische Echtheit der Kapitel außer Frage. (Schiwy)

[2] 'Nach dem Fleisch wandeln' - Der Vorwurf wurde wohl von sog. 'Pneumatikern' (Geistbegabten; pneuma = Geist) erhoben, die durch ekstatisches Tun (Zungenreden?) den Eindruck zu erwecken versuchten, vom Geist Gottes erfaßt worden zu sein und 'nach dem Geist zu wandeln'. Sie bemängelten bei Paulus solche Demonstrationen der Herrlichkeit des 'pneumatischen Menschen'.

[6] Die Strafe hat nur einen Sinn, wenn sie in und mit der Gemeinde, nicht gegen sie erfolgt (mittlerweile war der Gehorsam in Korinth wiederhergestellt, vgl. 2Kor 7, 5 - 16).

[12 - 18] Paulus setzt sich mit Missionaren auseinander, die nach ihrer Ankunft in Korinth seine Autorität zu zerstören versuchten und für sich die Kompetenz über die Gemeinde in Korinth in Anspruch nahmen. Gegen sie betont er, daß die Grenzen (der Kanon = Maßstab) seiner Missionstätigkeit von Gott festgesetzt sind.

[14] Wörtlich heißt es: 'Denn wir strecken uns nicht zu weit aus, wie nicht Kommende

zu euch, sind wir doch wirklich bis zu euch mit dem Evangelium von Christus gelangt.' (Einheitsübersetzung: 'Wir überschreiten also nicht unser Maß, wie wir es tun würden, wenn wir nicht bis zu euch gelangt wären; denn wir sind wirklich als erste mit dem Evangelium Christi bis zu euch gekommen.')

[17] Vgl. Jer 9, 22f.

Kapitel 11

[5] Mit den 'Überaposteln' (= Lügen- bzw. Pseudoapostel, V. 13) sind nicht die 'Zwölf', die Urapostel gemeint, sondern gnostische Pneumatiker, die in Korinth Verwirrung stifteten.

[22] 'Hebräer' - Bezeichnung für die in Palästina geborenen Juden, (als 'Hellenisten', wurden die in der Diaspora Geborenen bezeichnet, vgl. Apg 6, 1). - 'Israelit' - sakraler Begriff, Bezgichnung für Angehörige des auserwählten Volkes, die den Glauben an Jahwe teilten und auf die Abraham und seinen Nachkommen gegebenen Verheißungen vertrauten ('Israel' war der Zweitname des Patriarchen Jakob, vgl. dazu Gen 32, 23 - 33).

[24] Vgl. Anm. zu Lk 23, 16.

Kapitel 12

[2-4] Paulus spricht von sich in dritter Person wie sonst nie, weil sein verantwortliches Ich daran nicht beteiligt war, er dem Geschehen gleichsam zusah bzw. es sich an ihm als an einem Fremden vollzogen hatte (Bultmann). - Daß das Paradies im bzw. über dem dritten Himmel zu lokalisieren sei, gehörte zu den Jenseitsvorstellungen des damaligen Judentums.

[6] Ekstatische und mystische Erfahrungen sowie Glossolalie, die gegen Paulus von den

Pneumatikern ins Feld geführt wurden, dienen weniger dem Aufbau der Gemeinde, als der Erbauung des einzelnen, vgl. 1Kor 14, 4. Weil diese Erfahrungen nicht nachprüfbar sind und schwärmerischer Mißbrauch nicht ausgeschlossen werden kann, sollen sie nicht Grundlage für die Beurteilung apostolischer Arbeit sein.

[7] Der Anfang von V.7 ist in seiner Beziehung und Bedeutung umstritten. Wird er zu V.7 gezogen, so muß man 'deswegen' streichen, was sich kaum rechtfertigen läßt. Zieht man ihn zu V.6, so kann man ihn entweder von dem 'sich rühmen' am Beginn des Satzes abhängig machen, oder man muß die Stelle wie geschehen übersetzen. - 'Stachel' - Vielleicht handelte es sich um eine Krankheit.

[14] 'Zum drittenmal' - nach dem Gründungs- und dem 'Zwischen'-besuch (s. Anm. zu 2Kor 1, 15).

[16] Anspielung auf die Verdächtigung seiner Gegner, er habe von der Gemeinde zwar nichts genommen, sich aber durch Kollekten für andere Gemeinden schadlos gehalten?

Kapitel 13

[1] Vgl. Dtn 19, 15.

Gal

Kapitel 1

[1] Zum Apostel wurde Paulus nicht durch die Sendung der Gemeinde von Antiochien, vgl. Apg 13, 1 - 4, oder die Beauftragung durch einen der Alt-Apostel bestellt, sondern durch die Berufung durch Jesus selbst, vgl. Apg 9, 3 - 19.

[6] Den Abfall vom Evangelium sieht Paulus darin, daß die Galater judaisierenden Tendenzen nachgegeben hatten, die er im folgenden bekämpft.

[8] 'Verflucht' (gr. anáthema) = aus der Gemeinschaft ausgeschlossen.

[13] Vgl. Apg 9, 1f.

[16] Vgl. Apg 9, 3 - 19.

[17] Mit Arabien ist das Gebiet südöstlich von Damaskus, das damalige Nabatäerreich, gemeint. - Zum Grund, warum Paulus aus Damaskus wegzog, vgl. 2Kor 11, 32f; Apg 9, 23 - 25.

[18] 'Kephas' (aramäisch) = Petrus (gr./lat.) = Fels.

[19] Daß Jakobus zu den zwölf Aposteln gehörte, wird von vielen Exegeten angezweifelt. Vielleicht ist er mit dem in Mk 6, 3 erwähnten Herrenbruder identisch. Er spielte jedenfalls eine wichtige Rolle in der jerusalemer Gemeinde, deren Leitung er später übernahm.

[21] In Zilizien lag Tarsus, die Heimatstadt Pauli, vgl. Apg 9, 30; in Syrien lag Antiochien, wo Paulus, eingeladen von Barnabas, als Missionar tätig war und von wo aus er zu seinen Missionsreisen auszog, vgl. Apg 11, 22 - 26.

Kapitel 2

¹ Vgl. Apg 15, 1 - 35. - Titus wird in der Apg nicht erwähnt; Paulus nahm ihn nach Jerusalem mit, damit sich an ihm die Haltung der maßgebenden, judenchristlichen Gemeinde gegenüber Heidenchristen praktisch erweise.

² Die 'Offenbarung', eine göttliche Weisung, war vielleicht durch den Propheten Agabus erfolgt, vgl. Apg 11, 27 - 30; jedenfalls wurde Paulus nicht von der kirchlichen 'Obrigkeit' nach Jerusalem zitiert. - Er legt sein Evangelium, dessen göttlicher Herkunft er sich absolut sicher ist, vor, um von den jerusalemer Autoritäten bestätigen zu lassen, daß er durch seine Missionstätigkeit keine eigene Kirche bzw. Konfession begründet.

³ Wenn Titus nicht zur Beschneidung gezwungen wurde, kann auch kein anderer Heidenchrist dazu gezwungen werden!

⁴ Im Original ist der Satz unvollständig; wörtlich heißt es im griech. Text: 'Aber wegen der eingeschlichenen Falschbrüder, welche sich eingeschlichen hatten, um zu erforschen unsere Freiheit, die wir in Christus Jesus haben, zu dem Zweck, uns zu versklaven'. - Die 'eingeschlichenen falschen Brüder' waren Judenchristen, die von den Getauften die Einhaltung des mosaischen Gesetzes verlangten und so den Glauben an die Heilstat Jesu schmälerten.

⁹ Jakobus wird hier vor Petrus genannt, weil er eine Stütze der gesetzestreuen Judenchristen war (s. Vers 12!). Paulus will besonders unterstreichen, daß auch er ihm 'die Hand zum Bund' gereicht habe. - Daß die drei als 'Säulen' bezeichnet werden (die gewissermaßen die Kirche, den Tempel Gottes, tragen), verleiht dem Bund mit ihnen noch größeres Gewicht. Die gesetzesfreie Heidenmission, die Paulus und Barnabas vertraten, wurde offiziell von den jerusalemer Autoritäten anerkannt. - Die Aufteilung der Bereiche der missionarischen Tätigkeit diente dem innerkirchlichen Frieden: Heiden sollten nicht auf das jüdische Gesetz, Juden nicht zur Aufgabe ihrer 'Lebensart' (vgl. V.14) verpflichtet werden.

¹⁰ Vgl. dazu z.B. 1Kor 16, 1 - 3; 2Kor 8.

[11-14] In Antiochien kämpfte Paulus dafür, daß Heidenchristen von Judenchristen in der Praxis nicht als Christen zweiter Klasse behandelt werden.

[12] Für die Ankömmlinge aus Jerusalem war es unvorstellbar, daß ein Jude nach der Taufe seine jüdische Lebensweise aufgeben dürfte bzw. könnte.

[14] Wie Petrus reagierte, berichtet Paulus nicht; jedenfalls ist er später mehr und mehr zum Heidenmissionar geworden.

[16] Glaube wird hier als Antwort des Menschen auf das in Christus erfolgte Angebot der Gnade Gottes bzw. deren vertrauensvolle Annahme verstanden.

[19] Zum Verständnis vgl. Röm 7, 1 - 6 (vor allem Vers 6!).

Kapitel 3

[6] Vgl. Gen 15, 6. - 'Gerecht' ist, wer im richtigen Verhältnis zu Gott steht. - 'Anrechnen als Gerechtigkeit' bedeutet, daß Gott erklärt, jemand verhalte sich 'gerecht', d.h. er stehe im rechten Verhältnis zu ihm.

[8] Vgl. Gen 12, 3.

[10] Vgl. Dtn 27, 26.

[11] Vgl. Hab 2, 4.

[12] Vgl. Lev 18, 5.

[13] Vgl. Dtn 21, 22f.

[16] Wörtlich: 'Deinem Samen' - Mit 'Samen' kann im Alten Testament ein persönlicher Nachkomme (Einzelnachkomme, vgl. z.B. Gen 4, 25; Gen 21, 13; Dtn 25, 5) und auch 'die Nachkommenschaft' gemeint sein. Mit dem Singular 'Deinem Samen' gibt die Schrift dem Leser im Sinne der halakhischen Exegese einen verborgenen Hinweis, daß die Aussage auf den Einen, auf Christus, den 'neuen Adam', zu beziehen ist.

[19] Durch das Gesetz wird die Sünde bewußt gemacht, vgl. Röm 3, 20. - 'Durch Engel' - nach altjüdischer Auffassung waren bei der mosaischen Gesetzgebung Engel beteiligt und würden deren Nichtbeachtung bestrafen. Josephus Flavius schreibt: 'Das Heiligste in unseren Gesetzen haben wir durch Engel von Gott gelernt' (Ant.XV,5,3§136). Daß das Gesetz Mose von Gott durch Engel gegeben wurde, die dem Abraham gegebene Verheißung aber direkt von Gott stammt, zeigt nach Paulus den Vorrang der Verheißung gegenüber dem Gesetz. Vgl. auch die Rede des Diakons Stephanus Apg 7, 53. 38. - Als 'Mittler' ist im vorliegenden Vers 19 Mose zu verstehen.

[20] Der Mittler vertritt nicht einen einzelnen, sondern mehrere. Gott aber ist Einer. Also stammt das Gesetz mindestens nicht direkt von Gott, sondern von der Vielheit der Engel; das Gesetz kann also nicht unmittelbar von Gott sein, sondern weist sich als ein vermitteltes aus. Ganz anders steht es mit der von Gott selbst dem Abraham gegebenen Verheißung.

[23] 'Unter das Gesetz gestellt' - damit Sünde als Sünde bewußt bleibe und das Unvermögen, der Sündenverfallenheit zu entfliehen, erkannt werde.

[24] Das Alte Testament sah die erzieherische Funktion des Gesetzes in der 'Zucht'; Paulus erklärte sie in V.19! 'Das Gesetz hat nicht in kontinuierlicher Weise Israel allmählich für Christus reif, aus dem Unmündigen allmählich einen Mündigen gemacht; das 'Kommen' des Glaubens ist vielmehr ein 'plötzliches' Ereignis, natürlich zusammenhängend mit der Ankunft Christi. Sonst hätte sich der Glaube allmählich aus dem Gesetz 'entwickelt', das Gesetzesprinzip das Glaubensprinzip in sich schon immer enthalten und es dann aus sich entlassen, als die Welt dafür 'reif' war: völlig unpaulinische Gedanken.' (F. Mußner).

Kapitel 4

[3] 'Elemente - gr. stoichaia: die Anfangsgründe, Grundlehren; dann die Urbestandteile, Grundstoffe, die vier Elemente, aus denen nach Empedokles (5. Jhd. v.Chr.) die Welt besteht: Erde, Wasser, Feuer und Luft (Empedokles identifizierte Zeus mit dem Feuer, Hera mit der Luft, u.s.w.); schließlich die Elementargeister, die als Gestirne oder von ihnen her die Zeit-Räume der Welt, die Äonen, beherrschen. Die Elemente sind also

als personale, die Erfahrungswelt übersteigende Mächte aufzufassen, die als Mittelwesen das ursprünglich direkte Verhältnis des Menschen zu Gott gestört haben oder das Mißverhältnis durch ihre Wirksamkeit offenkundig machen, aber in jedem Fall nicht aufhören, willig oder widerwillig jene Welt zu gestalten, in der sich Gottes Heilsplan mit den Menschen vollzieht.' (Schiwy) - Siehe auch Gal 4, 8 - 11.

[4] Einen menschlichen Vater Jesu kennt Paulus so wenig wie die Evangelisten. Hier geht es ihm jedoch nicht um das 'Wie' der Geburt, sondern daß der Sohn Gottes geschichtlich konkret Mensch und Jude geworden ist.

[5] Der Zweck des Kommens des Gottessohnes gilt den Juden (den 'unter dem Gesetz Stehenden') gleichermaßen wie den Heiden, (die in dem 'wir' des zweiten Satzteiles eingeschlossen sind). - Die Verleihung der Sohnschaft ist das Ziel des Heilswirkens Gottes. Der sie Annehmende wird im Sinne Pauli 'mündig'.

[8-9] Wahre Gotteserkenntnis läßt die Herrlichkeit der Schöpfung nicht verblassen, setzt sie aber in die richtige Relation zum menschlichen Dasein; sie ist nicht Frucht menschlichen Nachdenkens sondern der vorhergehenden gnadenvollen Zuwendung Gottes ('ihr seid von Gott erkannt').

[10] Solche mit Astrologie verknüpfte Praktiken nahmen besonders im Spätjudentum überhand. - Da der Kalender von den Gestirnen bestimmt war, lag die Gefahr nahe, sich durch die 'Kalenderfrömmigkeit' in erneute Abhängigkeit von den 'Elementen der Welt' zu begeben.

[15] Wörtlich: 'Wo ist nun eure Seligpreisung?' - d.h. die Stimmung, in der ihr euch selbst seliggepriesen habt.

[20] '...meine Stimme verändern': wie mit Engelszungen reden, unwiderstehlich, mitreißend sprechen können.

[22] Vgl. Gen 16, 15; Gen 21, 2 - 8. (Von den sechs Söhnen, die Abraham von Ketura hatte, vgl. Gen 25, 1, spricht Paulus nicht, da auch sie nicht Abrahams Erben wurden, vgl. Gen 25, 5.)

[25] Vielleicht ist mit dem 'jetzigen Jerusalem' das Zentrum der Judenchristenheit gemeint, dem Paulus das 'himmlische Jerusalem' im folgenden Vers gegenüberstellt.

[27] Vgl. Jes 54, 1.

[30] Vgl. Gen 21, 9 - 15. - Diesen Vers kann man in Verbindung mit dem vorangegangenen nicht als 'antijüdisch' (Aufforderung zur Vertreibung der Juden aus der Gemeinde) verstehen. Paulus geht es nicht um den Gegensatz: Jude/Heide, bzw. Jude/Christ, sondern um den von 'Unter-dem- Gesetz-Stehende/Frei-vom- Gesetz-Seiende.

Kapitel 5

[2] Vgl. Gal 2, 21. - Paulus hatte Timotheus wegen der 'Juden, die in jenen Gegenden lebten' (vgl. Apg 16, 3) aus seelsorglichen Gründen beschneiden lassen. Kategorisch lehnt er jedoch die Beschneidung ab, wenn sie als heilsnotwendig dargestellt wird.

[4] Wer kraft eigener Verdienste das Heil erlangen will, hat sich von Christus, der das Heil als Gnade, d.h. unverdientes Geschenk gewährt, losgesagt.

[6] Vgl dazu Jak 2, 14 - 26.

[9] Vgl. Lk 12, 1.

[11] Der Sinn von V.11 ist wohl: Wenn ich die Beschneidung (als heilsnotwendig) predigte, würde ich zwar nicht mehr verfolgt, das Ärgernis des Kreuzes (und damit das erlösende Tun Gottes durch Christus) wäre dann aber aus der Welt geschafft (und die Kraft des Christentums gebrochen). - In der Einheitsübersetzung lautet V.11: 'Man behauptet sogar, daß ich selbst noch die Beschneidung verkünde. Warum, meine Brüder, werde ich dann verfolgt? Damit wäre ja das Ärgernis des Kreuzes beseitigt.'

[15] Ob Paulus hier auf ihm bekannt gewordene reale Vorkommnisse bei den Galatern anspielt oder nur aufzeigen will, wohin Streitigkeiten führen können, ist nicht klar.

[17] Will der Geist das Gute, widersetzt sich das Fleisch; will das Fleisch das Böse, widersetzt sich der Geist. - Der Mensch ist nicht ohnmächtig seinem Begehren ausgeliefert. Durch den Geist, der ihm in der Taufe geschenkt wurde, ist er in eine Entscheidungssituation hineingestellt: er muß wählen zwischen Gut und Böse.

[18] Siehe auch V.22f. - Vgl. dazu Röm 8, 12 - 17.

Kapitel 6

[1] Vgl. z.B. Mt 6, 13; Jak 5, 19f.

[2] Mit 'Last' ist hier der in V.1 erwähnte 'Fehltritt' gemeint. Die 'Last der Sünde und des Bewußtseins, daß jeder von ihr bedroht ist, wird dann tragbar, wenn die christliche Gemeinde auch die Sünde und Sünder in ihr brüderlich trägt...Die Kirche liebt die Sünder, wie Christus sie geliebt hat. So erfüllt sie 'das Gesetz Christi'.' (F. Mußner)

[4] Vgl. 1Kor 4, 7.

[7] 'Gott spotten' - aus dem vorausgegangenen geht hervor, daß hier die 'Geistbegabten' angesprochen werden, die nicht in Einklang mit dem Geist leben.

[17] Die 'Malzeichen' (Stigmata) sind wohl Narben der Wunden, die Paulus während seiner missionarischen Tätigkeit zugefügt worden waren; vgl. 2Kor 11, 21 - 33.

Eph

Kapitel 1

[11] '... ausersehen' - wörtlich: 'ausgelost'. - Schon das Alte Testament wußte, daß der Dialog mit Gott nicht vom Menschen ausgeht (vgl. z.B. Gen 12, 1 - 5). Die Initiative liegt beim berufenden und erwählenden Gott. Religion ist Antwort auf den Ruf Gottes - ihn zu überhören führt ins Nichts.

[13] Urkunden werden zum Zeichen ihrer Zugehörigkeit, Echtheit und Sicherheit versiegelt; Sklaven trugen in der Antike das Kennzeichen ihren Herrn, Kultdiener das Merkmal ihrer Gottheit, ähnlich dem Brandmal, mit dem Besitzer ihre Herde kennzeichneten. - Im Targ. HL 3,8 heißt es: 'Jeder von ihnen hatte das Siegel der Beschneidung an seinem Fleisch, gleichwie es dem Fleisch Abrahams aufgeprägt war.' - Im sog. 'Taufcharakter' sieht die Kirche das Siegel Gottes durch den Heiligen Geist, das Zeichen göttlicher Inbesitznahme.

[21] 'Herrschaften...Mächte' - spätjüdische Bezeichnungen für Engelgruppen.

[22] Vgl. Ps 8, 6 - 9.

[23] Als 'Haupt' soll Christus die Kirche und durch sie die ganze Menschheit in den göttlichen Lebensraum einbeziehen, der vom Geist Gottes bestimmt ist.

Kapitel 2

[2] Der 'Luftbereich' galt in der damaligen jüdischen Welt als Aufenthaltsort der Dämonen.

[3] Das 'wir' bezieht auch die Judenchristen in die oben beschriebene Unheilssituation ein. - Juden und Heiden waren durch ihre Sünden tot für Gott.

[10] Der Christ ist ein 'neues Geschöpf' (vgl. 2Kor 5, 17), diese Neuerschaffung (= Wiedergeburt, vgl. Joh 3, 3 - 8) kann nur durch den allmächtigen Schöpfer erfolgen; sie erweist sich zwar nicht automatisch, sondern wird auch bestimmt durch Wollen und Tun des Menschen (der Mensch als Mitarbeiter Gottes).

[12] 'Ausgeschlossen aus dem Gemeinwesen' - die Heiden hatten keine Bürgerrechte in Israel - sie waren 'Fremdlinge', höchstens 'Beisassen' mit nur eingeschränkten Bürgerrechten.

[14] 'Beide Teile' - Juden und Heiden. - Die 'Scheidewand' - die Verachtung der Juden gegenüber den Heiden und der Haß der Heiden gegenüber den Juden.

[17] Vgl. Jes 57, 19.

[20] Der 'Eckstein' verbindet zwei aufeinander treffende Mauern und gibt ihnen Halt. - Manche übersetzen mit 'Schlußstein' - er schließt das Gewölbe ab und verleiht ihm Tragkraft.

Kapitel 3

[1] Im griech. Original ist der Satz unvollständig ('Daher, ich, Paulus, der Gefangene Christi Jesu für euch, die Heiden,...').

[15] '...seinen Namen hat' = Wesen und Dasein empfängt.

[18] Einige alte Kirchenlehrer deuteten 'die Breite und Länge, die Höhe und Tiefe' auf die Dimensionen des Kreuzes.

Kapitel 4

[8] Vgl. Ps 68, 19.

[9] Dem 'Aufstieg' muß der 'Abstieg' vorangegangen sein, weil Christus ja der präexistente Sohn Gottes ist.

[11] Die 'Apostel' empfingen Unterweisung und Sendung von Jesus selbst; den 'Propheten' erschloß der Heilige Geist das Christusgeheimnis; zu den 'Glaubensboten' (im griech. 'Evangelisten') gehörte z. B. Philippus (vgl. Apg 8); 'Hirten und Lehrer' waren Amtsträger in den Gemeinden (die Aufzählung ist nicht erschöpfend). - Alle kirchlichen Dienste sollen dem Aufbau 'des Leibes Christi', das ist der Kirche, dienen (V.12).

[16] Am Aufbau der Kirche soll jeder ihrer Mitglieder im Geist der Liebe gemäß seinen Kräften und Fähigkeiten mitwirken.

[24] '...den neuen Menschen anziehen' - bedeutet nicht, ihn nur äußerlich wie ein Kleid oder Maske anzunehmen. Der Begriff entspricht der paulinischen Wendung 'Christus anziehen' (vgl. Röm 13, 14).

[28] Arbeit soll nicht als Last, sondern als Möglichkeit gesehen werden, Gutes zu tun.

Kapitel 5

[5] Ein 'Götzendiener' stellt eine Sache oder ein Geschöpf an die Stelle Gottes, indem er sie als das Wichtigste, dem alles andere unterzuordnen ist, betrachtet. Der Platz Gottes, des Höchsten, bleibt nicht leer. Wird er verdrängt, versuchen andere Güter, Personen, Mächte, seine Stelle einzunehmen - auszufüllen vermögen sie sie nicht!

[6] 'Leeres Gerede' - verführende Worte, die Glück oder das Gute vorgeben, es aber nicht enthalten.

[13-14] Der griechische Text ist schwer zu verstehen. - Der Sinn ist wohl: Wie beim Aufleuchten des Lichtes das Dunkel verschwindet und die Proportionen und Relationen

im rechten Verhältnis erscheinen, so wird (V.13!) alles, was ins Licht der christlichen Wahrheit gestellt wird, von diesem Licht überführt, d.h., seine Mängel werden offenbar (der im Licht der christlichen Lehre Zurechtgewiesene kann sein Verhalten richtig beurteilen und so zurückgewonnen werden). Alles aber (V.14!), was das Licht nicht zu scheuen hat (das Offenbare, das bei Licht Vollbrachte, das nicht zu den 'Werken der Finsternis' gehört), entspricht dem Licht der christlichen Wahrheit, ist Licht. - Das Zitat in V.14 stammt wahrscheinlich aus einem altchristlichen Tauflied.

[21] (Zu Eph 5,21-6,9:) Dieser Abschnitt entspricht Kol 3, 18 - 25; Kol 4, 1. Nur sind hier die kurzen Sätze aus dem Kolosserbrief als Folgerung aus der Lehre von der Kirche aufgefaßt und weiter ausgeführt.

[22-32] Im Licht der Beziehung Christi zu seiner Kirche sieht Paulus die christliche Ehe als Abbild dieses Liebesbundes: der Lebenshingabe Christi soll die dienende Hingabe des Mannes an seine Frau, dem Angewiesensein der Kirche auf Christus soll die Hingabe der Frau an ihren Mann entsprechen.

[29] Man könnte zum besseren Verständnis den zweiten Teil des Vers ergänzen: 'Gleichwie auch Christus die Kirche, d.h. uns, hegt und pflegt,'

[31] Vgl. Gen 2, 24.

Kapitel 6

[3] Vgl. Ex 20, 12.

[6] Die 'Augendienerei' betreibt den Gehorsam nur so weit, als des Herrn Auge reicht, und nur in der Art, daß er dem Herrn in die Augen fällt.

[12] Unser Kampf ist nicht gegen Menschen (Fleisch und Blut), sondern gegen das Böse (diabolisch-dämonische Mächte) zu führen.

[13] Der 'böse Tag' ist immer gegeben, wenn der Mensch in einer Entscheidungssitutation zwischen Gut und Böse steht.

Phil

Kapitel 1

[1] Der Ausdruck 'Vorsteher' (Episkopus) bedeutete in der ersten Zeit der Kirche dasselbe wie das Wort 'Ältester' (Presbyter). Beide Ausdrücke bezeichnen den kirchlichen Vorsteher ohne Rücksicht auf den hierarchischen Rang (vgl. Apg 20, 17. 28).

[6] 'Tag Christi' - Tag der Wiederkunft Christi und des Gerichtes.

[7] Statt 'Gnade' hat die Vulgata 'Freude'; darunter sind ebenfalls die Leiden zu verstehen; vgl. Apg 5, 41.

[12] '...meine Lage' - die Gefangenschaft, in der er sich befindet.

[13] Vgl. Anm. zu Phil 4, 22.

[15-17] Aus 'Neid' auf den Erfolg des Paulus und aus 'Streit', den sie deshalb mit ihm vom Zaun gebrochen haben. - Es handelte sich hier wohl nicht um Irrlehrer, gegen die Paulus sich energischer gewandt hätte, sondern um Prediger der Gemeinde, in der Paulus gefangen war, die sich von ihm distanzierten und seine Behinderung ausnutzten, um ihre Position in der Gemeinde zu stärken. - Vor Neid und Streit(sucht) sowie anderen Untugenden, die das Gemeinschaftsleben erschüttern und gefährden, warnt Paulus in mehreren Lasterkatalogen, vgl. z.B. Röm 1, 28 - 32; Gal 5, 19 - 21.

[23] '...ich habe das Verlangen aufzubrechen' - d.h. zu sterben.

[26] Sich 'in Christus rühmen' bedeutet preisend das Werk Gottes im anderen anzuerkennen. Paulus und die Gemeinde sollen (sich) einander rühmen, denn das Wirken-Christi-im-anderen erkennen, schafft Freude im Glauben und echte Verbindung. Überhebliche Kritik sowie Verleumdungen verpesten dagegen die Atmosphäre. (J. Gnilka)

Kapitel 2

³ 'Eitle Ruhmsucht' vertraut auf die eigene Leistung, die eigene Tat, den eigenen Vorzug - auf 'das Fleisch'.

⁶⁻¹¹ In seiner feierlichen und gehobenen Sprache sowie seiner strophischen Gliederung zeigt sich dieser Abschnitt als Hymnus. Da sein Gedankengang (seine 'Theologie'), Wortschatz und Stil unpaulinisch sind, wird vermutet, daß er im Raum der petrinischen Verkündigung entstanden ist.

¹² 'Furcht und Zittern' haben mit Gott zu tun. Sie sind die Erschrockenheit von Menschen, die in die Nähe Gottes geraten sind, bzw. an denen Gott sein Werk begonnen hat.

¹⁵ '...erscheint wie Lichter in der Welt' - Wenn Gläubige die Kinder Gottes in der Welt darstellen, sind sie Lichtern und Lichtträgern vergleichbar, die das Dunkle erhellen.

¹⁷ Das Ausgießen von Wein, Öl, Wasser oder ähnlichem neben dem eigentlichen Opfer, wurde sowohl im jüdischen als auch in heidnischen Kulten geübt.

²¹ Wörtlich: 'denn sie alle...' - gemeint sind die Mitarbeiter, die damals bei Paulus waren und sich nicht bereitfanden, sich für die Mission zu den Philippern zur Verfügung zu stellen; die Mitarbeit mit dem Apostel forderte nicht nur den ganzen Mann, sondern auch seinen ganzen Einsatz!

²² Wörtlich: 'Seine erprobte Treue....' - Timotheus begleitete mit Silas Paulus auf der zweiten Missionsreise, während der auch Philippi missioniert wurde.

Kapitel 3

¹ Mit V.1b erfolgt ein Bruch mit dem vorhergehenden Teil des Briefes (vgl. Inhalt und Ton von 3,1b-4,1.8f.). Deshalb vertreten seit dem 17. Jhd. Exegeten die These, der vorliegende Brief sei aus mehreren Briefen Pauli an die Philipper zusammengesetzt (schon

Polykarp, +156, wußte von mehreren Philipperbriefen). J.Gnilka z.B. vermutet, daß zwei Paulusbriefe an diese Gemeinde, der 'Gefangenschaftsbrief' (1,1-3,1a; 4,2-7.10-23) und der 'Kampfbrief' (3,1b-4,1.8f.) miteinander verkoppelt wurden.

² Paulus wendet sich im folgenden hauptsächlich gegen judaistische Prediger, die in Philippi aufgetaucht waren. - 'Hunde' - Nirgendwo sonst bedient sich Paulus dieses Schimpfwortes. Im Judentum wurde diese Beschimpfung auf Unwissende, Gottlose und Heiden angewandt. ('Wer mit einem Götzendiener zusammen ißt, ist wie einer, der mit einem Hund zusammen ißt.'); im frühen Christentum wird sie analog auf Ungetaufte und Ketzer bezogen. - 'Zerschneidung' - Anspielung auf Einschnitte, die Heiden an sich vornahmen, die bei Juden aber verboten waren, vgl. Lev 21, 5; 1Kön 18, 25 - 29. (Die Beschneidung wird den Christen in Philippi so als sinnlose 'Selbstverstümmelung' dargestellt.)

⁵ Vgl. Anm. zu 2Kor 11, 22.

⁸⁻¹¹ Christus erkennen, an seiner Erkenntnis teilhaben, bedeutet, den Tod als letzte personale Übergabe an Gott, der das Leben ist, zu erkennen.

¹²⁻¹⁶ Paulus setzt sich mit der in Philippi propagierten Auffassung auseinander, mit Annahme des Glaubens sei der Mensch vollkommen und habe sein Ziel erreicht. Dieser irrigen Meinung setzt er sein 'noch-nicht-am-Ziel-sein' entgegen; vgl. 1Kor 9, 24 - 27.

¹⁶ Das im Glauben an Christus Erreichte gilt es festzuhalten, sich darin nicht irre machen zu lassen oder gar zum Überholten zurückzukehren. - Die Vulgata übersetzt: 'Nun laßt uns, soweit wir gekommen sind, eines Sinnes sein und nach der nämlichen Richtschnur wandeln.'

¹⁸ 'Feinde des Kreuzes Christi' - Judenchristen (Judaisten), die dem Kreuz Christi die alleinige Heilsbedeutung absprechen.

Kapitel 4

³ 'Syzygos' (= Jochgenosse, Gefährte) - Eigenname (?) eines uns sonst Unbekannten oder ein Paulus nahestehender, den Philippern bekannter Mitarbeiter (im letzten Fall wäre 'treuer Gefährte' zu übersetzen).

⁴ Aus dem Mund des inhaftierten Apostels gewinnt dieser Aufruf seine besondere Bedeutung!

¹⁸ 'Wohlgeruch' - bildhafte Umschreibung für 'Opfer'; vgl. Ex 29, 18.

²² 'Haus des Kaisers' - Paulus schrieb den Philipperbrief wahrscheinlich in Ephesus. Zum 'Haus des Kaisers' gehörten Tausende, vom höchsten Beamten bis zum letzten Sklaven. Zu denken ist hier an Sklaven und Freigelassene, die in Ephesus möglicherweise zu einem Verein zusammengeschlossen waren. Grüße von ihnen sollten die Philipper über das Schicksal des Paulus beruhigen, wie es für ihn in der Gefangenschaft wohl auch tröstlich war, einflußreichere Freunde zu haben. (Der Kaiser wird übrigens im NT außer in den Evv. und der Apg nur hier erwähnt.)

Kol

Kapitel 1

[2] Epaphras hatte das Christentum nach Kolossä gebracht.

[24] 'Was an den Drangsalen Christi noch mangelt' - Die universale Versöhnungstat Christi (V.20) bedurfte der universalen Verkündigung, die Paulus aufgetragen war. So ergänzt der Apostel die Drangsale Christi im heilsrelevanten Sinn für den 'Leib Christi', die universale Kirche. An die Stelle des nicht mehr leidensfähigen erhöhten Christus ist der leidende Apostel getreten. Wie überhaupt die Leiden und Drangsale der Christen um des Evangeliums willen nicht mehr 'privater' sondern 'heilsgeschichtlicher' Natur sind.

Kapitel 2

[4] In der Gegend agierten judaistisch/gnostische Irrlehrer. Die scheinbare Logik ihrer Lehren, soll und kann von der Gemeinde als lügnerische Verführung durchschaut werden.

[8] Nur hier kommt der Begriff 'Philosophie' im NT vor, und das im abschätzigen Sinn! In der griechischen Übersetzung des AT, der Septuaginta (LXX), ebenfalls nur einmal, Dan 1, 20, wo sie mit der Fähigkeit, Zeichen zu deuten, wahrzusagen, in Zusammenhang gebracht ist. - Paulus gebraucht den Begriff im umgangssprachlichen Sinn. Hier wurde nicht nur die ernsthafte Wissenschaft oder eine religiöse Lehre (Josephus Flavius z.B. formuliert hinsichtlich der unterschiedlichen religiösen Vorstellungen der Sadduzäer, Pharisäer und Essener: 'Auf dreierlei Weise wird bei den Juden philosophiert'), als Philosophie bezeichnet, sondern auch Lehren hellenistischer und gnostischer Mysterien, deren Geheimlehren und -praktiken den Anspruch erhoben, Heilswissen zu ver-

mitteln. Gegen diesen 'leeren Trug', der sich als Philosophie, Liebe zur Weisheit, tarnte, wendet sich Paulus. - zu 'Elemente' vgl. Anm. zu Gal 4, 3. - In Kolossä scheint Paulus nicht die Ablehnung des Monotheismus bzw. Christi bekämpfen zu müssen, sondern den Versuch, 'elementare' Religionsformen der Umwelt in das Christentum einzubeziehen. Synkretistisches Denken weist der Apostel zurück, weil nur Christus für den Christen Norm und Grund des Glaubens und Handelns sein kann.

[11] Die jüdisch-christlichen Gnostiker haben wohl auch die Beschneidung praktiziert, (als Rückversicherung gegenüber Jahwe oder Aufnahmeritus in ihre Zirkel?).

[15] Zu 'Mächte und Gewalten' vgl. Anm. zu Röm 8, 38 - 39.

[16] Vgl. dazu Anm. zu Gal 4, 10.

[17] '...aber der Leib', der den Schatten wirft, 'gehört Christus' (das Wort 'Leib' kann hier im doppelten Sinn verstanden werden: 'Christus selbst' und 'der Leib Christi, die Kirche'). - Wie der veränderbare Schatten gegenüber dem Körper, von dem er abhängt, bedeutungslos ist, so sind diese Dinge unwichtig angesichts des Heils, das Christus schenkt.

[18] 'Verdemütigung... Engeldienst... Visionen' - mit diesen drei Stichworten spielt Paulus wahrscheinlich auf den Kult der kolossischen Irrlehre an, Demutsbezeugungen vor den Engeln und ihre Verehrung sowie Offenbarungen, die Gläubige beim Einführungsritus oder in Visionen gehabt haben wollen. - Die Übersetzung dieses Verses ist schwierig; wörtlich: 'Niemand soll euch den Kampfpreis aberkennen, sich gefallend in Demut und Verehrung der Engel, (in bezug auf das,) was er gesehen hat betretend (wohl: das Heiligtum [bei seiner Einweihung, während des Aufnahmeritus in den gnostischen Zirkel]), grundlos aufgeblasen werdend vom Sinn seines Fleisches.'

Kapitel 3

[3] '...ihr seid gestorben' - vgl. dazu Röm 6, 1 - 14.

Kapitel 4

³ 'Mit Salz gewürzt = bedächtig ('Wer vor das Vorbeterpult tritt, soll sich weigern vorzutreten. Wer sich nicht weigert, gleicht einer Speise, in der kein Salz ist. Wer sich aber über Gebühr weigert, gleicht einer Speise, die durch Übermaß von Salz verdorben ist' (aus dem Altjüdischen).

¹¹ Jesus Justus, Markus und Barnabas sind die einzigen Judenchristen, die Paulus, der von seiten seiner Volksgenossen viel zu leiden hatte, beistanden.

¹² Epaphras hatte in Kolossä die christliche Gemeinde gegründet, vgl. Kol 1, 7f.

¹⁶ Ob der Brief an die Gemeinde von Laodizea verlorengegangen ist oder mit dem Brief an die Epheser identisch ist, ist umstritten.

1Thess

Kapitel 1

⁹ Wörtlich: 'Denn sie selbst berichten über uns, welche ....'

Kapitel 2

² Zu 'Leiden in Philippi' vgl. Apg 16, 11 - 40. - Zu 'viel Kampf' vgl. Apg 17, 1 - 9.

⁹ Paulus war von Beruf Zeltmacher, vgl. Apg 18, 1 - 3.

¹⁵ 'Uns verfolgt haben' - vgl. Apg 17, 5 - 9. 13. - 'Aller Menschen Feinde' - Durch die Behinderung der Missionsarbeit des Apostels versperrten die Juden den Heiden den Weg zum Heil (vgl. auch Mt 23, 13).

¹⁶ Der letzte Satzteil ist vielleicht eine Anspielung auf die von Kaiser Klaudius 49 n.Chr. verfügte Ausweisung der Juden aus Rom; vgl. Apg 18, 2f.

¹⁷ Im Verhältnis zu der Gemeinde versteht sich Paulus als 'Mutter' (V.7), 'Vater' (V.11) und hier als 'Kind' (Waise), der von der 'mütterliche Gemeinde', deren sichtbaren Liebe er bedarf, getrennt wurde.

¹⁸ 'Satan' (= Widersacher) - für Paulus die Zusammenfassung von allem, was in dieser Welt die gottgewollte Einheit, den Frieden und die Liebe unter den Menschen behindert.

Kapitel 3

[1] Vgl. Apg 17, 15 - 34.

[3] Die Nachstellungen der Juden (Apg 17, 5 - 8) hatten nach dem Weggang des Apostels offenbar nicht nachgelassen.

[11] Erst die dritte Missionsreise brachte Paulus wieder nach Thessalonich, vgl. Apg 20, 1 - 4.

[13] 'Heilige' - hier: Engel (vgl. Ps 89, 6 - 8; Dan 4, 14).

Kapitel 4

[4] 'Frau' - wörtlich 'Gefäß'; mit 'Gefäß' kann 'die Frau' nach rabbinischem, und 'der Leib' nach griechischem Sprachgebrauch gemeint sein.

[6] Wörtlich: 'Daß sich nicht jemand Übergriffe erlaube und übervorteile seinen Bruder in der Sache...' - die 'Sache' könnte auch auf V.4 bezogen und dann dieser Vers als Warnung vor Ehebruch verstanden werden.

[11-12] Wegen der Vorstellung von einem nahe bevorstehenden Ende der Welt, hatten wohl einige Gläubige in Thessalonich die Arbeit liegengelassen. - Vgl. auch 2Thess 3, 6 - 12.

[13-17] Vgl. 2Thess 2, 1 - 12.

[15-17] 'Wir, die Lebenden' - daß Paulus selbst hoffte, die Ankunft des Herrn noch zu erleben, darf bezweifelt werden, siehe oben V.11 f. und 1Thess 5, 1 - 11. - Die Bibelkommission erklärte am 18. Juni 1915: 'In 1Thess 4,15-17 wird die Parusie keineswegs als so nahe bevorstehend erklärt, daß der Apostel sich und seine Leser zu jenen Gläubigen rechnet, die ohne Tod dem Herrn entgegengehen.'

Kapitel 5

[10] 'Entschlafen' - griech. 'katheudo' = einschlafen, schlafen, entschlafen, im übertragenen Sinn: sich der Sünde ergeben, dem Heil gegenüber sich gleichgültig verhalten.

[12] Die Organisation der ersten Gemeinden ist noch nicht fest strukturiert, richtet sich nach den Gegebenheiten der Situation und den sich zur Verfügung stellenden Persönlichkeiten. 'Ämter' werden noch als Charismen, als vom Geist Gottes zum Besten der Gemeinde geschenkte Gaben verstanden. Die Mahnung des Paulus zeigt, daß sich die (von ihm eingesetzten?) Leiter keiner selbstverständlichen Autorität erfreuten. Schwierigkeiten machten wohl weniger die Charismatiker als die Individualisten und 'besseren Leute', die sich ungern etwas sagen lassen und sich noch weniger mit dem Durchschnitt der Gemeinde 'gemein' machen wollten. (Schiwy)

[19-21] Zu den 'Gaben des Geistes' und zur 'Unterscheidung der Geister' vgl. die Kapitel 12 - 14 des ersten Korintherbriefes.

2Thess

Kapitel 1

⁴ Schon der Apostel wurde in Thessalonich verfolgt, vgl. Apg 17, 5 - 8; die Bedrängnisse der Christengemeinde hielten auch nach seinem Weggang an, vgl. 1Thess 2, 14 - 16.

⁵⁻¹⁰ Vgl. Röm 2, 6 - 11. - Das Gericht Gottes ist durch Christus in der Welt gegenwärtig. Er stellt die Menschen vor die Entscheidung (krisis) für oder wider Gottes Heilshandeln und scheidet sie so in solche, die der Wahrheit leben und für sie leiden, und solche, die ihr nachstellen; Neutralität ist unmöglich. (Schiwy)

¹⁰ '...weil bei euch unser Zeugnis Glauben gefunden hat' - die Begründung für V.7.

Kapitel 2

¹⁻¹² Vgl. 1Thess 4, 13 - 17.

² 'Geist' - hier: die Aussage eines Geistbegabten, der sich fälschlicherweise auf eine Eingebung des Gottesgeistes oder eines Engels beruft (bei der 'Unterscheidung der Geister' ist das kritische Urteilsvermögen gefordert, die Kriterien liefert Paulus im folgenden). - 'Wort' = Gerüchte und Spekulationen. - 'Brief' - ob ein gefälschter Brief im Umlauf war, oder ob Paulus nur befürchtete, daß ein Falsifikat verbreitet werden könnte, ist offen. Die eigenhändige Unterschrift am Ende dieses Briefes (vgl. 2Thess 3, 17) soll offensichtlich solcher Gefahr vorbeugen. - 'Tag des Herrn' = Ende der Welt, Erscheinen Christi zum Weltgericht.

³ 'Abfall' - Vgl. 2Tim 3, 1 - 9; Mt 24, 4f. 10 - 12. - 'Sohn des Verderbens' = dem

Verderben verfallen.

⁴ Vgl. Dan 11, 36; Ez 28, 2.

⁶⁻⁷ '...was ihn jetzt noch aufhält' - bis heute gilt das Geständnis des hl. Augustinus (+430): 'Ich gestehe, daß ich nicht weiß, was der Apostel damit sagen wollte.'

⁹ Christus rettet die Menschen durch die Wahrheit, der Antichrist (= Gegen-Christus) führt sie durch Lüge und Täuschung ins Verderben; nur im Festhalten an Christus haben wir die Chance, dem Antichrist zu widerstehen.

Kapitel 3

² Es handelt sich wohl um die Feinde des Apostels in Korinth, seinem damaligen Aufenthaltsort, vgl. Apg 18, 12 - 17.

⁶⁻¹² Den - wohl mit dem nahe bevorstehenden Ende der Welt begründeten - Müßiggang hatte Paulus schon 1Thess 4, 10f. angeprangert.

1Tim

Kapitel 1

³ Zu 'Paulus in Ephesus' vgl. Apg 19 (die geplante Reise nach Mazedonien: Apg 19, 21).

⁴ 'Fabeln' (Mythen) - hier: von Gnostikern frei erfundene Erzählungen und Spekulationen ohne Wahrheitsgehalt. - 'Geschlechtertafel' - spekuliert wurde über die Bedeutung und Aussagekraft alttestamentlicher Genealogien (z.B. Gen 5.)

¹⁰ 'Knabenschänder' - vgl. die Anm. zu 1Kor 6, 9.

¹⁸ 'Prophetische Worte' - a) Prophetenworte, die zur Beauftragung geführt haben (vgl. Apg 13, 1 - 3), oder b) die mit der Handauflegung bei der Bestellung des Gemeindeleiters verbundenen Deuteworte, oder c) bei der Bestellung vorgetragene Berufungsgeschichten von Propheten (z.B. Jes 6, 1 - 13; Jer 1, 4 - 8. 17 - 19), aus denen sich sein Auftrag und seine Stellung ergab. - Aufgabe des Gemeindeleiters (episkopus) war, die apostolische Überlieferung zu wahren und fortzusetzen.

Kapitel 2

¹⁻² Die Ermahnung des Apostels auch für die 'heidnische', den Christen nicht unbedingt freundlich gesinnte Obrigkeit zu beten, knüpft an alttestamentliche Vorbilder an, der Prophet Jeremias forderte z.B. die Juden in der Verbannung auf, für den babylonischen König zu beten, vgl. Jer 29, 7 (vgl. aber auch 2Makk 15, 12 - 16).

⁴⁻⁶ Da der eine Gott der Schöpfer der einen Menschheit ist, fühlt sich der Christ für alle Menschen, die nach Gottes Bild geschaffen sind, verantwortlich. - Durch seine

Menschwerdung ist der Sohn Gottes zum 'Mittler' in vollkommener Weise befähigt: Er ist Gott und Mensch. Der 'Mensch Christus Jesus' hat durch seinen Opfertod und seine Auferstehung, durch sein persönliches Eintreten, eine bislang nicht vorhandene Beziehung zwischen Gott und den Menschen hergestellt.

[6] Der Kreuzestod Jesu für alle Menschen ist 'das Zeugnis' dafür, daß Gott 'zur festgesetzten Zeit' seine Verheißung, die Menschen zu erlösen, erfüllt hat.

[9] Es könnte auch übersetzt werden: 'Desgleichen sollen die Frauen in geziemender Haltung...'

Kapitel 3

[1] 'Bischofsamt' - 'Episkopus' (= Aufseher) war die allgemeine Bezeichnung für Leiter kirchlicher Gemeinden, ohne besonders deren Weihegrad und hierarchischen Rang zu unterscheiden. Da nach heutigem Sprachgebrauch 'episkopus' mit 'Bischof' gleichgesetzt ist, ist der in der Übersetzung verwandte Terminus 'Bischofsamt' entsprechend zu verstehen.

[2] 'Mann nur einer Frau' - Es geht um das grundsätzliche Verbot jeglicher Polygamie - der sukzessiven (durch Ehescheidung und Wiederverheiratung) und der gleichzeitigen (eheähnliche und außereheliche Verhältnisse). - Im zeitgenössischen Judentum war die Vielehe keineswegs selten, die heidnische Ehemoral sehr lax. Die Kirche unterstützt die Tendenz zur Einehe, indem sie kirchliche Ämter und die Mitgliedschaft in kirchlichen Instituten denen vorbehält, die monogam leben oder gelebt haben, ganz im Einklang mit der neutestamentlichen Ehetheologie, vgl. Eph 5, 21 - 33.

[11] 'Frauen' - der Diakone?, oder 'Witwen', 'Diakonissen', von denen 1Tim 5, 9 - 16 die Rede ist? - Die Diakonissen bekleideten als Helferinnen in der Caritas in der Gemeinde ein kirchliches Amt; zu ihnen gehörte z.B. Phöbe, die als 'Dienerin der Gemeinde in Kenchreä' Röm 16, 1 erwähnt wird.

[12] S.o. Anm. zu V.2

[13] 'Guter Rang' - Ehrenrang innerhalb der Gemeinde? Aufstieg zum 'herrlichen Amt'

des Leiters der Gemeinde? (s.o.Vers 1).

[15-16] Die Säule ist nicht nur ein 'tragendes Element', sondern auch ein '(weit) sichtbares Zeichen'; so wird z.B. Jeremias als 'eherne Säule' bezeichnet, vgl. Jer 1, 18. - Der Kern der göttlichen 'Wahrheit', das 'Geheimnis der Frömmigkeit', ist Christus selbst.

Kapitel 4

[1-2] Vgl. Mk 13, 5f. 22; Apg 20, 29.

[13] 'Vorlesen' - Ähnlich wie der Gottesdienst in der Synagoge, vgl. Apg 13, 14f., bestand der Wortgottesdienst der Gemeinde aus der Lesung aus den heiligen Schriften (des Alten Testaments!), der die erläuternde Predigt folgte.

[14] Vgl. Anm. zu 1Tim 1, 18. - 'Presbyterium' = die Ältesten, bzw. Rat der Ältesten.

Kapitel 5

[9] '...in die Liste eingetragen' - in die Liste der Diakonissen, vgl. Anm. zu 1Tim 3, 11. - 'Eines Mannes Frau' - vgl. Anm. zu 1Tim 3, 2.

[17] 'Doppelte Anerkennung', d.h. moralischer und - wie aus dem folgenden hervorgeht - auch materieller Art.

[18] Vgl. Dtn 25, 4; Lk 10, 7.

[19] 'Priester' - im Griechischen 'presbyter' = Ältester.

[20] 'Handauflegung' - Symbol für In-Schutz- und In-Besitz-nehmen. Durch die Handauflegung wird der Kandidat unter den Schutz Gottes sowie in den Dienst Gottes gestellt (dem Dienst Gottes geweiht, - 'Weihe'), dafür auch beauftragt und bevollmächtigt.

Kapitel 6

[1-2] Durch den Übertritt zum Christentum soll der gesellschaftliche status quo nicht revolutionär verändert werden. Durch das Liebesgebot und den Glauben an den gemeinsamen Vatergott mußte jedoch die Sklaverei früher oder später von innen überwunden werden.

[8] Vgl. Spr 30, 8f.

[11] 'Mann Gottes' oder 'Mensch Gottes' - im Alten Testament werden so die von Gott besonders Beauftragten, z.B. Mose, Samuel (Dtn 33, 1; 1Sam 9, 6f.) und andere bezeichnet.

[12] 'Vor vielen Zeugen' - Wie auch heute bei der Bischofsweihe üblich, legte der Geweihte bei der Amtsübernahme öffentlich vor der Gemeinde das Glaubensbekenntnis ab.

[13] Wie Jesus vor Pontius Pilatus Zeugnis abgelegt hat, indem er den Anspruch Gottes bejahte (vgl. Joh 19, 8 - 11), so soll auch der Leiter der Gemeinde, der im Namen Jesu sein Amt ausübt, Zeugnis ablegen vor den Mächten und Gewalten, die die Herrschaft über die Welt und die Menschen haben und Gott, dem Schöpfer und Lebenspender die Ehre verweigern. Wie Jesus damals die Folgen dieses Zeugnisses in seinem Leiden getragen hat, so soll auch der kirchliche Amtsträger dessen Folgen nicht scheuen (2Tim 2, 8 - 10; 2Tim 3, 10f.)

[19] Vgl. Mt 6, 19 - 21.

[20] Zur 'Erkenntnis' (griech. Gnosis') vgl. Anm. zu 1Kor 1, 17.

2Tim

Kapitel 1

⁵ Mütterlicherseits stammte Timotheus aus einer jüdischen Familie; sein Vater war Heide (vgl. Apg 16, 1.

⁶ Vgl. Anm. zu 1Tim 5, 20.

Kapitel 2

¹⁰ 'Deswegen' - weil Christus von den Toten auferstanden ist.

¹⁸ Die Konsequenz dieser Lehre war: Ablehnung der Ehe und der Schöpfung (vgl. 1Tim 4, 3. 7f.), Nichtstun (vgl. 2Thess 3, 7 - 13), Ausschweifung (vgl. 1Kor 6, 12).

¹⁹ Vgl. Jes 28, 16f; Jes 26, 13; Num 16, 5. 26. - Gegen die gnostische Selbsterlösung steht Gottes gnadenhafte Auserwählung; gegen die moralische Gleichgültigkeit das ernsthafte Bemühen, nach Gottes Gerechtigkeit zu leben.

²⁰⁻²¹ Anspielung auf Irrlehren, die eine vollkommene Kirche forderten, und die meinten, selbst vollkommen zu sein und deshalb über die Unvollkommenen von oben herab urteilen zu können. - Daß es notwendig ist, sich mit Gottes Gnade aus einem 'unehrenhaften' in ein 'ehrenhaftes' und von einem 'ehrenhaften' in ein 'reineres' Gefäß zu verwandeln (ecclesia semper reformanda - die Kirche muß sich immer 'reformieren', erneuern - sie ist auf dem Weg zur Vollkommenheit), unterscheidet das Christentum von der irrigen Vorstellung, schon vollkommen, im Heil zu sein.

²² 'Begierden der Jugend' - Ehrgeiz, Besserwisserei, Arroganz, Bevorzugung, Aus-

schweifung.

Kapitel 3

[1] 'Schlimme Zeiten' - vgl. Mt 24, 9 - 12.

[16] Man könnte auch übersetzen: 'Die ganze von Gott eingegebene Schrift...' oder: 'Jedes von Gott eingegebene Schriftwort...'

[17] Zu 'Mann Gottes' vgl. Anm. zu 1Tim 6, 11.

Kapitel 4

[6] 'Geopfert' - wörtlich: 'als Trankopfer ausgegossen', Anspielung auf das blutige Martyrium.

[8] 'Erscheinung' (= epiphania) hier: Christi Menschwerdung und seine letzte Wiederkunft.

[13] 'Pergamente' - sehr teures Schreibmaterial aus Tierfellen, die nach einer in Pergamon erfundenen Methode bearbeitet worden waren.

[17] Vgl. Ps 22, 22f.

[21] Zu Linus berichtet der hl. Irenäus (um 180 n.Chr.): 'Nachdem also die seligen Apostel (Petrus und Paulus in Rom) die Kirche gegründet und eingerichtet hatten, übertrugen sie dem Linus den Episkopat zur Verwaltung der Kirche. Diesen Linus erwähnt Paulus in seinem Brief an Timotheus.' (Adv. Haer. III, 3, 3)

Tit

Kapitel 1

⁵ Von missionarischen Tätigkeiten des hl. Paulus auf Kreta ist aus neutestamentlichen Schriften nichts bekannt.

⁶ Vgl. Anm. zu 1Tim 3, 2.

¹⁰ Zur Tätigkeit judaisierender Eiferer vgl. z.B. Gal 2, 11 - 14.

¹² Das Zitat stammt vom Dichter und Philosophen Epimenides (6. Jhd. v.Chr.), den auch Aristoteles und Cicero als 'Prophet' bezeichneten.

¹⁴ Von einem späteres Beispiel solcher 'Fabeln', einer phantastischen zahlensymbolischen Erklärung der Schöpfungsgeschichte durch Gnostiker berichtet Irenäus (Adv. Haer. XVIII, 1): 'Wie sie mit den prophetischen Reden umgehen, das soll nicht unerwähnt und ungerügt bleiben. Mose habe - so sagen sie - gleich bei der Schöpfungsgeschichte zu Anfang auf die Mutter des Weltalls hingewiesen, indem er sagte: Im Anfang schuf Gott den Himmel und die Erde. Diese vier Worte: Anfang, Gott, Himmel und Erde drücken nach ihnen die erste Vierheit aus... Die zweite Vierheit, die aus der ersten hervorging, deutete er an, indem er den Abgrund und die Finsternis nebst dem Wasser und dem über dem Wasser schwebenden Geist erwähnte. Die Zehnheit bedeuten die Worte: Licht, Tag, Nacht, Firmament, Abend und der sogenannte Morgen, Festland, Meer, Pflanze und an zehnter Stelle der Baum. Diese zehn Namen offenbaren die zehn Äonen (Zeitalter). Die Kraft der Zwölfheit ist bei ihm so abgebildet: Sonne und Mond, Sterne und Zeiten, Jahre und Walfische, Fische und Gewürm, Vögel und Vierfüßler, wilde Tiere und als zwölftes der Mensch. So soll vom Geist durch Mose die Dreißig geoffenbart sein.' (Dreißig, die Summe von zwei Vierheiten, der Zehnheit und der Zwölfheit 4+4+10+12=30). - Zu 'Satzungen von Menschen' vgl. Kol 2, 20 - 23.

¹⁵ Vgl. Mk 7, 14 - 23.

Kapitel 2

[9-10] Vgl. Anm. zu 1Tim 6, 1.

[13] Man könnte auch übersetzen: '... der Herrlichkeit des großen Gottes und unseres Retters Christus Jesus.'

Kapitel 3

[1] Vgl. Röm 13, 1 - 7; Apg 5, 27 - 33.

[9] 'Geschlechtertafel' - spekuliert wurde über die Bedeutung und Aussagekraft alttestamentlicher Genealogien (z.B. Gen 5).

[13] Manche Gemeindeleiter kümmerten sich nicht um wandernde Missionare, wiesen sie sogar ab, vgl. 3Joh 9f.

[14] 'für die notwendigen Bedürfnisse' der Missionare.

Phlm

Kapitel 1

⁶ Nach der Einheitsübersetzung: 'Ich wünsche, daß unser gemeinsamer Glaube in dir wirkt und du all das Gute in uns erkennst, das auf Christus gerichtet ist.'

⁷ Wörtlich: 'Denn viel Freude und Trost bereitete mir deine Liebe, weil durch dich, Bruder, die Herzen der Heiligen erquickt worden sind.'

¹⁰ 'gezeugt' - Paulus hatte Onesimus getauft, ihm dadurch das neue Leben vermittelt und war so sein 'geistiger Vater' geworden.

¹³ 'Gefangenschaft' - vermutlich in Ephesus, die gleiche, aus der Paulus den Brief an die Philipper geschrieben hatte.

Hebr

Kapitel 1

⁵ Vgl. Ps 2, 7; 2Sam 7, 14.

⁶ '...wieder...einführt' - zum Gericht am Ende der Welt. Zu dem Zitat vgl. Ps 97, 7 (zitiert wird hier und im folgenden nach dem Text der Septuaginta, der vom hebräischen stellenweise etwas abweicht!).

⁷ Vgl. Ps 104, 4.

⁸⁻⁹ Vgl. Ps 45, 7f.

¹⁰⁻¹¹ Vgl. Ps 102, 26 - 28.

¹³ Vgl. Ps 110, 1.

Kapitel 2

² '...das durch Engel verkündete Wort' - vgl. Apg 7, 53; Anm. zu Gal 3, 19 - 20.

⁶ Vgl. Ps 8, 5 - 8.

⁹ Andere Lesart: 'Hat er doch durch die Gnade Gottes...'

¹⁰ Die Menschen können nur durch den menschgewordenen Sohn Gottes, d.h., durch Christus, Kinder Gottes werden. Die Menschwerdung des Gottessohnes schließt aber das Annehmen von Leiden und Tod ein; siehe auch unten V.14, 17 und 18.

[11] Sowohl der menschgewordene Gottessohn, Christus, der die Menschen heiligt, d.h., sie aus dem irdischen Bereich heraus- und in Gottes neue Welt hineinnimmt, als auch die von ihm geheiligten Menschen, stammen von dem einen Gott.

[12] Vgl. Ps 22, 23.

[13] Vgl. Jes 8, 17f.

[14] Wie die zum ewigen Leben berufenen Kinder Gottes 'Anteil haben an Blut und Fleisch', d.h., ein menschliches Leben führen, das dem Tod geweiht ist, hat auch der Gottessohn in der Menschwerdung Fleisch und Blut angenommen, d.h., er ist ein sterblicher Mensch geworden.

Kapitel 3

[2] 'Sein Haus' - hier und in den folgenden Versen: in Anlehnung an Num 12, 6 - 8. das Haus Gottes.

[4] '...der alles erbaut hat' - vgl. Hebr 1, 2f.

[7-11] Vgl. Ps 95, 8 - 11.

[8] 'Erbitterung' vgl. Ex 17, 4 - 7; Num 20, 2 - 5; - 'Versuchung' - altjüdische Exegeten sehen die versucherische Erprobung Gottes in der Frage: 'Ist Jahwe in unserer Mitte oder nicht?' (Ex 17, 7).

[11] Ursprünglich meint 'Ruhe' im AT das Gelobte Land, vgl. Dtn 12, 9f. - Im vollen Sinn bedeutet 'Ruhe' aber das Leben Gottes selbst, für die der Tempel und der Sabbat irdische Sinnbilder sind.

Kapitel 4

³ Vgl. Ps 95, 11. - Das Ziel erreichen nur die Glaubenden. Es lag nicht an Gott, daß die Israeliten nicht in seine 'Ruhe' eingehen konnten, die nach der Erschaffung der Welt, wie der folgende Vers hervorhebt, bereitet war.

⁴ Vgl. Gen 2, 2.

⁷ Vgl. Ps 95, 7f.

⁸ Mose hatte Josua aufgetragen, nach seinem Tod das Volk Israel in das Gelobte Land zu führen, vgl. Dtn 31, 7f.

⁹ Vgl. Anm. zu Hebr 3, 11.

¹¹⁻¹³ Der erste Hauptteil schließt, wie er begonnen hat: mit dem feierlichen Hinweis auf das Wort Gottes, das uns Leben verheißt (Hebr 1, 1f.), aber auch - wie sich im Lauf der Darstellung ergeben hat - richtet, wenn wir der Verheißung nicht trauen und ungläubig werden und damit ohne Hoffnung sind.

¹⁴ Im folgenden wird die Aussage von Hebr 2, 17 ausgeführt.

Kapitel 5

⁵ Vgl. Ps 2, 7.

⁶ Vgl. Ps 110, 4.

⁷ Wörtlich: 'In den Tagen seines Fleisches...und wurde erhört auf Grund seiner (Gottes)Furcht' (oder: '...und wurde erhört —=befreit— aus seiner Angst (Todesfurcht)'.

¹¹ 'Träge gewordene Ohren' - die geistliche Aufnahmefähigkeit der Hörer hat nachgelassen; sie sind im Glauben erschlafft (vgl. Röm 10, 17).

Kapitel 6

¹ Wörtlich: '...die Lehre des Anfangs von Christus übergehen und der vollen Reife uns zuwenden'.

⁴⁻⁸ Antwort auf den gedachten Einwand, statt komplizierten theologischen Gedankengängen nachzuhängen, sich lieber um die Umkehr der in der Gemeinde bereits Abgefallenen zu kümmern. - 'Gabe des Himmels' und 'Heiligen Geist empfangen' - Anspielung auf Eucharistie und Firmung?

⁶ Der Grund der Unmöglichkeit, umzukehren, liegt im Grad der Bewußtheit, mit der ein solcher Abfall geschieht. Nach jüdischer Vorstellung war zu unterscheiden zwischen 'sühnbarer Schuld' und 'Sünde mit erhobener Hand'. - Eine Umkehr wurde bei denen in Frage gestellt, die auf Gottes Barmherzigkeit hin sündigten ('Auf Vergebung verlasse dich nicht, um Schuld zu Schuld zu fügen!'). Ferner, wenn jemand Gott herausforderte ('Er kannte meine Kraft und hat sich gegen mich empört!'). Auch wenn jemand sich anfänglich gegen die Umkehr sträubt ('Wenn er dann in sich gehen will, verhärte ich sein Herz, um die volle Strafe von ihm einzutreiben'). Oder sich hemmungslos der Sünde überlassen hat ('Wer den Sünden völlig anheimgefallen ist, der kann nicht in sich gehen.') Oder schließlich viele andere verführt ('Wer die Menge zur Sünde verführt, dem gibt man —Gott— nicht die Möglichkeit, Buße zu tun. Sonst fahren seine Schüler zur Scheol —Hölle— hinab, während er die zukünftige Welt erlangt). (Schiwy).

¹³⁻¹⁴ Vgl. Gen 22, 15 - 17.

¹⁸ Die 'zwei Tatsachen' sind: Verheißung und Erfüllung. Sie begründen die Zuversicht, daß 'die vor uns liegende Hoffnung' erfüllt wird.

¹⁹ 'Das Innere' - des Tempels. - Im salomonischen Tempel trennte ein Vorhang das 'Heilige' vom 'Allerheiligsten', in dem die Bundeslade, der 'Thron Gottes', stand.

Kapitel 7

[1-4] Vgl. dazu Gen 14, 17 - 20.

[2] Hebräisch: melech = König; sedek = Gerechtigkeit, Schalom - Frieden. - Die Stadt Salem ist nach altjüdischer Vorstellung mit Jerusalem identisch.

[3] Nach altjüdischem Verständnis gehört Melchisedek, da weder von seinem Anfang noch von seinem Lebensende die Rede ist, der göttlichen Ordnung an; deshalb wird in Ps 110, 4 gesagt: er ist Priester auf ewig.

[5] Das Priestertum konnte nur von einem Angehörigen des Stammes Levi ausgeübt werden, vgl. Num 3, 5 - 10; für den Lebensunterhalt der Leviten sollte der Zehnte vom Volk entrichtet werden. Von der Abgabe waren aber nur die Priester befreit: die Leviten empfingen den Zehnten, die Priester dagegen den sog. 'Priesterzehnten', den 'Zehnten vom Zehnten', vgl. Num 18, 20 - 32.

[9] Bereits für die jüdische Auslegung wurde das Priestertum des Melchisedek als Fremdkörper empfunden. Nach der Überlieferung wurde ihm das Hohepriestertum entzogen und Abraham übertragen, weil er in Gen 14, 19 Abraham vor Gott nennt.

[13] 'Der, auf den sich der Ausspruch bezieht' - Christus.

[17] Vgl. Ps 110, 4.

[19] Das 'Gesetz' - die Gesamtheit der mosaischen Vorschriften.

[26] 'War uns angemessen' - es entsprach der inneren Notwendigkeit des göttlichen Handelns, das der Glaube verstehen kann.

Kapitel 8

[2] 'Diener' - griech. Liturge (leiturgòs).

⁴ Nach dem Gesetz bringen die levitischen Priester Gaben dar.

⁵ Vgl. Ex 25, 40.

⁷ Wörtlich: '...so würde nicht Platz für einen zweiten gesucht.'

⁸⁻¹² Vgl. Jer 31, 31 - 34.

Kapitel 9

² Vgl. Lev 24, 1 - 8.

⁴⁻⁵ Vgl. Ex 25, 10. 16. 18. 20 - 22; Num 17, 20. 23. 25; Ex 16, 33.

⁵ Vgl. Anm. zu Ex 25, 17.

⁶ Vgl. Num 18, 1 - 5. - Welche Dienste die Priester im Tempel zu verrichten haben, wird in Lev 24, 1 - 8 beschrieben. Das Volk hatte zum eigentlichen Tempel keinen Zutritt; es hielt sich in den Vorhöfen auf.

⁷ Vgl. Lev 16, 2. 14f; Ex 30, 10.

⁹⁻¹⁰ Wörtlich: '(9) Welches ein Gleichnis ist für die gegenwärtige Zeit, nach dem Gaben sowohl als auch Opfer dargebracht werden, die nicht im Gewissen vollkommen machen können die Teilnehmenden am Gottesdienst, (10) nur auf Grund von Speisen und Getränken und verschiedenen Waschungen, Satzungen des Fleisches, auferlegt, bis zur Zeit der richtigen Ordnung.'

¹³ Vgl. Num 19, 2 - 5. 9. 17f. 20.

¹⁴ 'Tote Werke' - Werke, die im Gegensatz zu 'guten Werken' stehen; oder Werke, die eine Versöhnung mit Gott nicht herbeiführen können (dann müßten dazu auch die Tieropfer zu zählen sein, vgl. V.9).

¹⁶ Im Griechischen kann 'diatheke' sowohl 'Bund' als auch 'Testament' bedeuten.

¹⁹⁻²⁰ Vgl. Ex 24, 3 - 8.

²¹ Vgl. Lev 8, 15.

²² Vgl. Lev 17, 11; Num 35, 33.

²⁸ 'Das zweite Mal' erscheint Christus am Ende der Welt als Richter, der das Erbe denen zuspricht, denen es der Vater bereitet hat, vgl. Mt 25, 33f.

Kapitel 10

¹ 'Gesetz' = die Heilsordnung des Alten Bundes.

² Die Reinigung des Jüngers durch Jesus ist nach Hebr einmalig (s.u. Vers 14), nach Joh (vgl. Joh 13, 10; Joh 15, 3) umfassend.

³ Über dem Sündenbock wurden tatsächlich die Sünden in Erinnerung gerufen; vgl. Lev 16, 21f. - Der jüdische Religionsphilosoph Philon, gestorben um 50 n.Chr., ein Zeitgenosse Jesu, schrieb: 'Auch Tempelkultur und heilige Opferhandlungen sind sehr schöne Gewächse; aber es rankt sich an ihnen ein Übel empor, das beseitigt werden sollte, bevor es Keime treibt: der Aberglaube. Denn manche haben geglaubt, im Schlachten der Opfertiere liege die Frömmigkeit. Diese heillos Befleckten geben von dem Gut, das sie durch Diebstahl, Ableugnung, Betrug, Raub oder Plünderung erworben haben, den Altären ihren Anteil, in dem Wahn, Straflosigkeit für ihre Verbrechen zu erkaufen. Aber, so möchte ich ihnen sagen, unbestechlich ist Gottes Gericht; daher verabscheut er Menschen von schuldiger Gesinnung, auch wenn sie jeden Tag hundert Ochsen darbringen, und hat Wohlgefallen an den Unschuldigen, auch wenn sie überhaupt nicht opfern. Denn Freude hat Gott an Altären ohne Opferfeuer, um welche die Tugenden ihren Reigen aufführen, aber nicht an den mächtig lodernden Flammen, die ungeweihte Gaben der Unheiligen verzehren und nur die Unwissenheit und Sünde der Opfernden in Erinnerung bringen. Denn Mose sprach ja einmal von einem Opfer, 'das die Sünden in Erinnerung bringt' (Num 5, 15).'

⁵⁻⁷ Vgl. Ps 40, 7 - 9.

⁹ 'Das erste...das zweite...' - Die Opfer waren Zeichen dafür, daß der Mensch sich als Gott gehörend versteht (als Opfer bringen die Menschen das dar, wovon sie leben: Hirten opfern Tiere, Bauern Feldfrüchte). Christus bringt sich selbst durch seinen vollkommenen Gehorsam als Opfer dar, indem er sich ganz in den Dienst des Vaters stellt. Dieses zweite, fürderhin gültige 'Gesetz', das Evangelium, fordert vom Menschen die Hingabe an Gott durch das alltägliche Leben und Sterben in der Nachfolge Christi, das heißt: im Dienst und zum Heil des Menschen.

¹³ Vgl. Ps 110, 2.

¹⁶⁻¹⁷ Vgl. Jer 31, 33.

²² Anspielung auf die sündenvergebende Kraft der Taufe.

²⁵ Wörtlich: 'Eure Versammlungen nicht im Stich zu lassen'. - '...den Tag' der Wiederkunft Jesu.

²⁸ Vgl. Dtn 17, 2 - 7.

³⁰ Vgl. Dtn 32, 35f.

³² Die 'Erleuchtung', die zur Bekehrung und Annahme des Christentums geführt hat.

³⁴ Anstatt 'mit den Gefangenen' lesen einige wichtige Handschriften 'mit meinen Fesseln; vgl. Phil 1, 7; Kol 4, 18.

³⁷⁻³⁸ Vgl. Hab 2, 2 - 5.

Kapitel 11

² Vgl. auch den Lobpreis der Väter bei Jesus Sirach 44,1-50,24.

³ Man könnte auch übersetzen: '...daß also aus Unsichtbarem das Sichtbare geworden ist.'

[4] Vgl. Gen 4, 1 - 16; - '...redet er noch' - Frucht des Glaubens ist, daß Abels Blut noch redet, 'zum Himmel schreit' - vgl. Gen 4, 10.

[5] Vgl. Gen 5, 24.

[6] Wörtlich: '...denen, die ihn suchen, ein Belohner ist.'

[7] Vgl. Gen 6 - 9

[8-12] Die Abrahamsgeschichte erzählt Genesis 11,10-25,11.

[10] Die Stadt, auf festen Fundamenten erbaut, ist das Symbol für das Bestand habende; das Zelt hatte keine Fundamente, wurde immer wieder abgebrochen.

[11] Man könnte auch übersetzen: 'Auf Grund von Glauben empfing er auch trotz seines Alters zusammen mit Sara die Kraft zur Zeugung; weil er den...'

[12] '...erstorbenen Mann' = hier: zeugungsunfähigen Mann.

[13] '...von fern' vgl. Gen 49, 18; Ps 39, 13; 1Chr 29, 15; Joh 8, 56; Dtn 32, 48 - 52. - Der letzte Teil des Verses lautet wörtlich: '...und bekannten, daß sie Fremdlinge und Pilger auf Erden sind.'

[17-19] Vgl. Gen 22, 1 - 19.

[19] 'Gleichnis' - hier: 'Geheimnisvolles Sinnbild'; 'exegetischer Hinweis' (Isaak als Sinnbild des gewaltsamen Todes und der Auferstehung Christi).

[20] Vgl. Gen 27, 1 - 40.

[21] Vgl. Gen 48, 8 - 22. - '...über der Spitze seines Stabes' - im hebr. Urtext heißt es: 'Da neigte sich Israel (Jakob) gegen das Kopfende des Bettes hin' (Gen 47, 29 - 31), Gott dankend, weil Joseph ihm den Wunsch, in Kanaan bestattet zu werden, erfüllen will. Die griech. Übersetzung, die sog. Septuaginta (LXX), liest anstatt 'mittah' (Bett) 'mitteh' (Stab): Jakob dankt Gott, während er sich vor Schwäche auf seinen Stab stützt.

[22] Vgl. Gen 50, 24 - 26.

²³⁻²⁹ Die hier erwähnten Ereignisse erzählt Ex 2,1-15,21.

²⁶ 'Schmach des Gesalbten' - Der Gesalbte = Messias (Hebr.) = Christus (Griech.) - Dadurch, daß Mose die Schmach auf sich nahm, indem er sich zu seinem Volk herabließ, wurde er zum Vorläufer, Typos Christi, der sich erniedrigte (vgl. Phil 2, 5 - 11) und die Schmach des Kreuzes auf sich nahm.

²⁷ Der 'Unsichtbare' = Gott.

³⁰ Vgl. Jos 6.

³¹ Vgl. Jos 2.

⁴⁰ 'Wir' leben in der Endzeit, 'sie' lebten auf die Endzeit hin. - Für 'uns' hatte Gott 'das Bessere' vorgesehen, denn in unserer Zeit ließ er die Verheißungen in Erfüllung gehen. Vollendet werden 'sie' nicht auf Grund eigenen Tuns, sondern mit uns durch den Glauben an den heilstiftenden Gott, letztlich an den, der im Auftrag Gottes das Heil gebracht hat, Jesus Christus. 'Den Sieg erlangt keiner für sich allein - das ist das Eigentümliche und die Erlebnissteigerung im Staffellauf -, aber alle siegen miteinander und haben gleichen Anteil am Sieg, wenn der Letzte durch das Ziel geht.' (W. Vischer)

Kapitel 12

⁵ Vgl. Spr 3, 11f.

⁷ Im Blick darauf, daß (eure Bedrängnisse und Leiden) Züchtigungen sind, haltet aus!

⁸ Wörtlich: '...dann wäret ihr unehelich(e Kinder) und nicht (rechtmäßige) Söhne.'

¹³ Es könnte auch übersetzt werden: 'damit das Lahme nicht ausgerenkt, ...'. - Der 'Weg' ist die Lehre; der Sinn: seid geradlinig in der Lehre und im Bekenntnis, dann werden die im Glauben Schwachen (= die Lahmen) nicht vom Glauben abirren, und sollte das geschehen sein, so können sie durch eure Treue leichter zum Glauben zurückfinden (= geheilt werden).

[15] Wörtlich: 'Achtet darauf, daß nicht jemand zurückbleibt, weg von der Gnade Gottes...'

[16] Vgl. Gen 25, 29 - 34.

[17] Vgl. Gen 27, 1 - 41.

[18-19] Vgl. Ex 19, 12. 16. 18; Dtn 4, 11.

[19] Vgl. Ex 20, 18 - 21; Dtn 5, 23 - 26.

[20] Vgl. Ex 19, 12f.

[21] Vgl. Dtn 9, 17 - 19.

[22] Eine Myriade sind Zehntausend, bzw. 'eine unzählbare Menge'.

[25] '... auf Erden seine Weisung gab...vom Himmel her spricht' - Mose - Christus.

[26] Vgl. Hag 2, 3 - 9.

[29] Das 'verzehrende Feuer' ist ein Bild für die 'Heiligkeit' Gottes, die den Sünder zurückweist (vgl. Jes 33, 14), für sein 'Eifern' und 'Richten', vgl. Dtn 4, 24; Mt 10, 28.

Kapitel 13

[2] Vgl. z.B. Gen 19, 1 - 3.

[3] '...die selbst noch im Leib sind' und in ihrem leiblichen Dasein auch mit Mißhandlungen rechnen müssen.

[5] Vgl. Jos 1, 5 - 7.

⁶ Vgl. Vgl. Ps 118, 6.

⁷ 'Lebensende' = Märtyrertod?

⁹ Vgl. Mk 7, 15 - 23.

¹⁰ '...die dem Zelt dienen' - in der alttestamentlichen Ordnung verbleiben.

¹¹ Vgl. Lev 16, 27.

¹² Vgl. Joh 19, 20.

Jak

Kapitel 1

¹ 'Die zwölf Stämme in der Diaspora' - gemeint sind die neutestamentlichen Gemeinden, die, über die ganze Welt verstreut unter Andersgläubigen lebend (diaspora = Zerstreuung), sich als Erben des alttestamentlichen Zwölf-Stämme-Volkes verstehen.

³ '...bewirkt Geduld' (oder: Ausdauer, Durchhaltevermögen, Standhaftigkeit) - wörtlich: 'das Darunterbleiben'.

⁵ Mit 'Weisheit' ist die praktische Lebensweisheit gemeint, die das ganze Leben des Christen leiten soll und von der im ganzen Brief die Rede ist; vgl. auch Spr 2, 1 - 6.

¹⁷ '...keinen Wandel oder Schatten durch Veränderung' - Während die Gestirne Licht verbreiten, aber im Wechsel auf- und untergehen, Sonnen- und Mondfinsternis möglich sind, ist Gott nur Licht: Bei ihm ist kein 'Wandel' (wie durch den Auf- und Niedergang) und kein 'Schatten der Veränderung' (wie bei den Phasen des Mondes, bei Sonnen- bzw. Mondfinsternis); vgl. auch Ps 102, 26 - 29.

¹⁹ Vgl. Sir 5, 11 - 15.

²⁴ Die 'Selbstbespiegelung' hat keine sittlichen Konsequenzen und braucht sie auch nicht zu haben.

²⁶ Wörtlich: '...sein Herz betrügt...' - durch frommes Geschwätz.

Kapitel 2

[1] 'Parteilichkeit' - wörtlich 'Ansehen der Person' - Das griech. 'prosopon' (= Person) hatte ursprünglich die immer noch durchklingende Bedeutung 'Gesicht', das was vom Menschen 'ansichtig' ist und verstellt werden kann; dann auch 'Maske', hinter der der griechische Schauspieler sein Gesicht verbarg; und da bestimmte Figuren bestimmte Masken trugen, ist prosopon auch die 'Rolle', die jemand spielt.

[8] Vgl Lev 19, 18.

[9] '...parteilich handelt' - siehe oben, Anmerkung zu Vers 1.

[10] wörtlich: '...ist an allen schuldig geworden'. - Das 'Gesetz' beinhaltet 'alle Gebote'. Wird ein Gebot übertreten, so wird das 'Gesetz' (als Ganzes, also 'alle Gebote'), übertreten.

[11] Vgl. Ex 20, 13f.

[12] 'Gesetz der Freiheit' - das Liebesgebot Christi, das uns zum Guten frei macht und uns anhält, andere von ihrer Not und sozialen Zurücksetzung zu befreien.

[13] Vgl. Mt 18, 21 - 35.

[18] Es reicht nicht, zu sagen: Gott weiß, daß ich glaube, und das genügt. Denn der Glaube ist nicht nur eine Angelegenheit zwischen dem einzelnen und seinem Gott, sondern auch ein Zeugnis vor Glaubenden und Nichtglaubenden. Es wird uns nicht gelingen, den Glauben 'glaubwürdig' zu machen ohne sichtbare Werke. Wir sollen also, soweit Glauben aufgewiesen und bezeugt werden kann, ihn anderen 'zeigen'.

[21] Vgl. Gen 22, 1 - 19.

[23] Vgl. Gen 15, 6; Jes 41, 8.

[25] Vgl. Jos 2.

Kapitel 3

¹ Wörtlich: 'Werdet nicht viele Lehrer, Brüder.' - Jakobus warnt nicht vor dem charismatischen Stand der Lehrer in den Gemeinden (vgl. z.B. 1Kor 12, 28 - 30), sondern davor, bei jeder Gelegenheit belehrend aufzutreten, er warnt vor der gefährlichen Neigung des Menschen, sich zum selbstgerechten und machtbeanspruchenden 'Lehrer' der anderen aufzuwerfen (vgl. Mt 12, 36). - '...daß wir uns...' - der Apostel schließt sich als 'Lehrender' mit ein; auch er steht unter dem 'strengeren Gericht'.

⁶ Zu 'Hölle' (= Gehenna) vgl. die Anm. zu Jer 7, 31. - 'Lebensrad' - wörtlich: 'Rad des Werdens' - der ganze Umkreis des Lebens: Es gibt niemand und nichts, vor dem die verleumderische Zunge haltmachen würde; alles vermag sie in Brand zu stecken.

¹³ Wie Glaube ohne Werke vermag auch Weisheitsrede ohne weise Gelassenheit und Milde im täglichen Umgang nicht zu überzeugen.

¹⁵ Diese 'Weisheit' gibt sich rechthaberisch, wirkt verletzend, weil sie Menschen von oben herab behandelt, und führt deshalb zu Zank und Streit.

¹⁷ 'Lauter' = echt, rein.

¹⁸ Die 'Frucht der Gerechtigkeit' zeigt sich nicht in der die Gemeinde spaltenden Streitsucht, sondern in der Gesinnung des Friedens; sie wird friedlich von denen 'gesät', die in der Gemeinde Frieden und nicht Feindschaft und Spaltung stiften.

Kapitel 4

⁵⁻⁶ Das Zitat stammt nicht aus dem Alten Testament, sondern wohl aus außerbiblischen jüdischen Schriften zum AT. - Gott sehnt sich nach dem Geist, den er in uns hat Wohnung nehmen lassen, wir sollen uns in Freiheit und Liebe ihm übergeben und so das Heil finden. Wer seinen Geist schon jetzt Gott zurückgibt - indem er sich Gott unterwirft -, wird überreich (mit Heiligem Geist) beschenkt. - Zum Zitat V.6b vgl. Spr 3, 34; Ex 20, 3. 5f; Gen 4, 7.

[7] Zu 'Teufel' - vgl. Anm. zu Mt 4, 3.

[16] Sich seines selbstmächtigen Lebensentwurfs zu rühmen ist böse, weil es Gott und die Wahrheit über den Menschen vergessen läßt.

[17] Der Vers ist sowohl auf das Vorhergehende als auch auf das Folgende zu beziehen; er bringt den Leitsatz des ganzen Briefes zur Geltung: Es genügt nicht das Gute zu kennen, man muß es auch tun!

Kapitel 5

[3] '...in den letzten Tagen' - in den Tagen kurz vor dem bevorstehenden Gericht (V.8f.).

[4] '...der... vorenthaltene Lohn... schreit' - Die Ausbeutung der Arbeiter wurde - neben anderen Vergehen - schon im Alten Testament als 'himmelschreiende Sünde' angeprangert, vgl. Dtn 24, 14f; Gen 4, 10; Gen 18, 20f; Ex 3, 7; Ex 22, 21 - 23.

[5] 'Tag der Schlachtung' = Tag des Gerichts.

[9] Wörtlich: 'seufzt (oder: stöhnt) nicht gegeneinander' - Jakobus sieht im Murren und Stöhnen gegen Gemeindemitglieder, im Kritisieren anderer, ein unberechtigtes Vorwegnehmen des Gerichts des kommenden Richters, vgl. auch Jak 4, 11f.

[11] Vgl. Ijob 1, 21f; Ijob 42, 10. 12.

[14-15] Das Konzil von Trient (1545 - 1563) sah in dieser Stelle den Beweis für den sakramentalen Charakter der Krankensalbung.

[17-18] Vgl. 1Kön 17, 1; 1Kön 18, 42 - 45. - Zu '...drei Jahre und sechs Monate' - vgl. Anm. zu Offb 11, 2.

[20] Der Jakobusbrief hat keinen üblichen Briefschluß. Er ist eigentlich kein Brief, sondern eine Aneinanderreihung von Mahnungen, den Glauben in die Tat umzusetzen.

1Petr

Kapitel 1

[1] 'Diaspora' - vgl. Anm. zu Joh 7, 35.

[7] '...durch Feuer geläutert' - wenn das Gold geschmolzen wird, kann die wertlose Schlacke leicht vom edlen Metall getrennt werden (lauter = rein, echt).

[12] Wörtlich: '...(Dinge), in die hineinzuschauen die Engel begehren.'

[13] Wörtlich: 'Darum, gegürtet habend die Lenden eures Denkens...'

[16] Vgl. Lev 11, 45.

[24-25] Vgl. Jes 40, 6 - 8.

Kapitel 2

[3] Wörtlich: 'Wenn ihr geschmeckt (oder: gekostet) habt, wie gütig der Herr ist' - vgl. Ps 34, 9. - Das Verlangen nach der geistigen, unverfälschten Milch der Erkenntnis und der Kraft Christi, das Streben nach Wachstum im Glauben kommt in besonderer Weise aus der Erfahrung der Werte, der Freude, der inneren Zuversicht, die der Glaube vermittelt - kurz aus der Glaubenserfahrung. Wer die Güte des Herrn erfahren hat, wird auch versuchen, ihm näherzukommen.

[5] Vgl. Eph 2, 10 - 22.

[6] Vgl. Jes 28, 16.

⁸ Bestimmt ist ihnen der Anstoß, nicht der Ungehorsam, der ihre eigene Entscheidung ist.

⁹ Vgl. Ex 19, 5f.

¹⁰ Vgl. Hos 1, 6 - 9; Hos 2, 1 - 3. 25.

¹² Die Christen leben unter ihren Mitbürgern in einer feindlichen Welt. Übelste Verleumdungen, die über die Christen verbreitet wurden, bereiteten den späteren großen Christenverfolgungen den Boden. - 'Tag der Heimsuchung' - Tag des Gerichts (vgl. Jes 10, 3), aber auch der Tag, an dem Gott die Heiden mit seiner Gnade heimsucht, daß sie sich bekehren und Gott preisen. - Vgl. auch Mt 5, 16.

¹³⁻¹⁶ Vgl. Röm 13, 1 - 7; Zu den Grenzen des Gehorsams vgl. Apg 5, 27 - 33.

¹⁷ Die christliche Gemeinschaft wird nur hier und 1Petr 5, 9 als 'Bruderschaft' bezeichnet.

²²⁻²³ Vgl. Jes 53, 9.

Kapitel 3

⁴⁻⁶ Vgl. 1Tim 2, 9 - 15.

⁷ '...nach der Erkenntnis' - die aus dem Glauben kommt: daß Mann und Frau nach Gottes Ebenbild geschaffen sind; daß Mann und Frau von Christus zur selben Herrlichkeit erlöst sind u.s.w. - '...daß euer Gebet nicht verhindert werde' - nur wo heidnische Rücksichtslosigkeit, ängstliche Selbstbewahrung und fanatische Proselytenmacherei (in Ehen mit Nichtchristen) von der christlichen Liebe verdrängt sind, kann sich das gemeinsame Gebets- und Glaubensleben der Eheleute entfalten.

¹⁰⁻¹² Vgl. Ps 34, 13 - 17.

¹⁴ Wie an Christus zu sehen ist, ist Gott mit den Verfolgten.

¹⁵ '...bereit zur Antwort' - das Griech. 'apologia' kann auch 'Verteidigungsrede', 'Gegenrede' bedeuten.

¹⁶ Vgl. Anm. zu 1Petr 2, 12.

¹⁹⁻²⁰ Daß Christi schuldloses Sterben selbst den bereits Verstorbenen noch zum Heil geworden ist, soll die Christen bei ungerechter Verfolgung zu standhaftem Durchhalten ermutigen. Über den unmittelbaren Briefzusammenhang hinaus - bringt der Text (gegen gnostische Zweifel) zum Ausdruck: Christus ist wirklich gestorben. Nach Meinung des alten Testamentes war es das Los des Verstorbenen, in den Hades absteigen zu müssen. Christus aber, der Sieger über den Tod, verkündete denen, die keine Hoffnung mehr hatten, die Teilnahme am Leben Gottes, über das er bereits verfügte. - Die Geister, denen er diesem Text nach predigte, werden heute zunehmend auf die Gen 6, 1 - 6 erwähnten 'Gottessöhne' bezogen, die in der außerbiblischen altjüdischen Überlieferung als Engel gedeutet wurden, welche trotz Vermittlungsversuche etwa des Henoch (vgl. Gen 5, 24; Hebr 11, 5) keine Vergebung zu erwarten hatten. Christus, das wäre dann ein weiterer theologischer Sinn dieser mythologischen Erzählung, ist größer als Henoch, hat durch seinen Erlösungstod auch den Verlorensten das Heil wieder ermöglicht und sich so als der Mittler bewährt. - Die Überlieferung vom Abstieg Christi in die Unterwelt bezeugen auch: Röm 10, 7; Eph 4, 8 - 10, nicht aber, daß er da gepredigt habe. - Nicht jeder Aussageinhalt eines biblischen Berichtes ist nach seiner Wörtlichkeit auch schon Offenbarwerden Gottes. Die göttliche Inspiration kann sich auch zeitbedingter Sprache und Vorstellung bedienen, um das Offenbarungswort auszusagen. - Der 'Catechismus Romanus' bezieht sich bei der Darlegung der Lehre vom Hinabsteigen Christi zu den Toten nicht auf diesen Vers.

Kapitel 4

⁴ Vgl. 1Petr 2, 12; 1Petr 3, 16.

⁶ Das dunkle Wort bezieht sich wohl auf 1Petr 3, 19f.

⁷ 'Wörtlich: 'Seid darum besonnen und nüchtern zu Gebeten.'

[12] 'Feuersglut' - Leiden.

[15] '...die sich in andere Angelegenheiten einmischen' - der griechische Ausdruck (wörtlich 'Aufpasser bei anderen') ist einmalig und schwer zu deuten (Spitzel, Denunziant, Revolutionär, oder ein Christ, der in blindem Bekehrungseifer den Hausfrieden bricht bzw. sich als Sittenrichter aufspielt?).

[16] Die Bezeichnung 'Christ' kommt im Neuen Testament sonst nur noch in Apg 11, 26; Apg 26, 28 vor.

Kapitel 5

[5] 'Ebenso' - wie die Ältesten sich Christus unterwerfen, so sollen sich die Jüngeren den Älteren unterordnen - natürlich im Rahmen dessen, was dem Willen Gottes entspricht.

[9] Die christliche Gemeinschaft wird nur hier und 1Petr 2, 17 als 'Bruderschaft' bezeichnet. - '...Leiden...in der Welt' - Anspielung auf die im römischen Reich ausgebrochenen Christenverfolgungen.

[12] Die Frage, ob Silvanus der Brief diktiert wurde, er ihn im Auftrag selbsttätig geschrieben oder ihn nur überbracht hat, bleibt offen.

[13] 'Babylon' - hier Deckname für Rom; vgl. auch Offb 17, 5.

2Petr

Kapitel 1

[1] '...Glauben...empfangen' - der Glaube ist Gnadengabe Gottes, für uns ein unverdientes Geschenk, das uns kraft der Erlösungsgnade Christi zuteil wird.

[4] '...damit ihr...der göttlichen Natur teilhaftig werdet' - Das griechische Wort für 'Natur' (physis) bezeichnet: 1. die durch Abstammung erworbene Naturanlage, 2. die natürliche Beschaffenheit, das natürliche Wesen, 3. die Naturordnung, 4. das Geschöpf; hier liegt die sehr gebräuchliche zweite Bedeutung vor, also Teilhabe an göttlicher Beschaffenheit. Sie ist ein zukünftiger Besitz der Christen, der Endzweck der Heilswirkens Gottes für die Menschen ('..teilhaft werdet'). Damit ist nicht die in der heiligmachenden Gnade schon hier dem Gerechtfertigten geschenkte Teilnahme am göttlichen Leben gemeint, sondern die kommende Verklärung der Christen, die bei der Wiederkunft des Herrn erfolgen und in einer geheimnisvollen Vergöttlichung der Erlösten bestehen wird, die zukünftige Gottähnlichkeit, von der Johannes schreibt (vgl. 1Joh 3, 2f.).

[12] Allen Gläubigen gemeinsam ist in Christus seine Wahrheit geschenkt und anvertraut; das 'Lehramt' hat die besondere Funktion der 'Erinnerung', damit nichts in Vergessenheit gerät und das jeweils Geglaubte an den Ursprüngen gemessen werde. Das ist angesichts der auftauchenden Irrlehrer aktuell.

[13-14] Zu 'Zelt' - vgl. Anm. zu 2Kor 5, 1.

[14] Vgl. Joh 21, 18f.

[18] 'Wir' = Petrus, Jakobus und Johannes; vgl. Mt 17, 1 - 9.

[19] Erst in der Christuserfahrung, im Licht der neutestamentlichen Offenbarung, können die Worte der Propheten und überhaupt die alttestamentlichen Offenbarungen richtig und sicher erkannt werden.

[20-21] Wie eine Photographie nur bei Licht gemacht und nur bei Licht betrachtet werden kann, so konnten auch die Weissagungen der Propheten, überhaupt die Heilige Schrift, nur vom Heiligen Geist inspiriert niedergeschrieben, und können auch nur im Heiligen Geist richtig verstanden werden. - Die Kirche ist überzeugt, daß die Verfasser der Bibel unter einem besonderen Einfluß Gottes gestanden haben, so daß Gott 'Urheber' dieser Schriften ist, ohne daß die literarische Urheberschaft der Verfasser aufgehoben wurde. Die sog. Inspiration (vom lat. inspirare = einhauchen, eingeben) der Heiligen Schrift bewirkte deren Abfassung, Irrtumslosigkeit und Vollständigkeit in dem Sinn, daß alle Bücher zusammengenommen, indem sie einander ergänzen und 'korrigieren', Gottes für alle Zeit wirksames und normatives Wort enthalten. Irrtumslos sind demnach alle Teile der Schrift und alle ihre Aussagen, aber nur in dem Sinn, den das Ganze dem Teil verleiht.

Kapitel 2

[1-22] Vgl. Jud, 3 - 16.

[4] Das außerbiblische 'Erste Henochbuch' sah in den 'Himmelssöhnen', die Töchter der Menschen geheiratet hatten (Gen 6, 1 - 6), Engel, und interpretierte deren Tun als Unzucht, wegen der sie bestraft wurden.

[5] Vgl. Gen 6, 5 - 8; Gen 7, 6f. 23. - Daß Noach das Geschlecht der Flut zur Buße ermahnte, steht nicht im Genesisbericht; es stammt aus der späteren Überlieferung.

[6-8] Vgl. Gen 19, 4 - 9. 12 - 23. 29.

[8] Die Vulgata übersetzt: 'Denn bei allem, was er sah und hörte, blieb er gerecht, obwohl er mitten unter denen wohnte, die Tag für Tag seine gerechte Seele durch böse Werke peinigten.'

[10] Vgl. Jud, 8 - 10. - '...die Herrschaft (Christi) verachten'. - 'Herrlichkeiten' = Engel.

[11] Die Engel wagen es nicht, gegen die Menschen, die nach Gottes Ebenbild geschaffen

sind, ein lästerndes Urteil zu äußern, weil sie deren Würde der Gotteskindschaft achten. Die Irrlehrer, die Engel, d.h. Boten Gottes, lästern, nehmen sich etwas heraus, was die ihnen an Kraft und Macht Überlegenen ihnen gegenüber nicht wagen.

[13] Die Hauptmahlzeit wurde im Orient am Abend eingenommen.

[15] Die altjüdische Tradition stellt Bileam als Verführer der Israeliten zu Unzucht und Götzendienst dar, was er sich hatte entlohnen lassen. Dafür wurde er auch von den Israeliten getötet, vgl. Num 31, 8f. 15f.

[16] Vgl. Num 22, 22 - 35.

[18] Durch Erlaubnis sexueller Freizügigkeit versuchten die Libertinisten (libertas = Freiheit) und Antinomisten (anti = gegen, nomos = das Gesetz) Gefolgschaft zu gewinnen.

[20] Vgl. Mt 12, 43 - 45.

[22] Vgl. Spr 26, 11.

Kapitel 3

[1] Anspielung auf den ersten Petrusbrief.

[4] Vgl Ez 12, 21 - 25.

[5-6] Es ist nicht so, wie es immer war! Da es schon einmal zu einer Katastrophe gekommen war, kann auch die zweite eintreten. Vgl. auch Gen 1, 2. 9f; Gen 2, 4 - 6; Gen 7, 19 - 23.

[6] 'Durch sie...' - durch das Wort Gottes und das Wasser.

[7-12] In den biblischen Büchern ist nur hier von einem Weltbrand beim Endgericht die Rede.

[10] '...wie ein Dieb' - vgl. Mt 24, 43 - 44. - Wörtlich heißt es im letzten Teil dieses Ver-

ses: '...die Erde und die Werke auf ihr werden gefunden werden' (einige Handschriften lesen: 'werden nicht mehr gefunden werden').

¹⁵ Auf welchen Paulusbrief sich der Verfasser bezieht, ist nicht zu bestimmen, da Paulus in fast allen Briefen darüber geschrieben hat.

¹⁶ Dies ist das erste Mal, daß ein neutestamentliches Buch einem alttestamentlichen gleichgestellt wird. - Der Hinweis, daß manches in den Schriften 'schwer verständlich' ist, kann auch als Warnung vor eigenmächtigem Auslegen der Heiligen Schrift verstanden werden. Die Schrift ist im Geist Gottes in der Kirche entstanden - sie muß auch im Geist Gottes und im Glauben der Kirche verstanden werden.

1 Joh

Kapitel 1

¹⁻³ Das 'Vorwort' erinnert an den 'Prolog' des Johannesevangeliums Joh 1, 1 - 18.

⁶ Vgl. Mt 6, 24. - Ein moralischer Indifferentismus ist mit Religion nicht in Einklang zu bringen.

⁷ Wahre Gemeinschaft mit Gott vertieft immer auch die Gemeinschaft mit den Menschen, wie andererseits die Abwendung vom Mitmenschen zum Verlust Gottes führt vgl. Mt 25, 31 - 46.

⁹ Wird die Sünde nicht erkannt und bekannt, ist die Bekehrung und Vergebung nicht möglich.

Kapitel 2

¹ Als 'Beistand' (paràkletos) wird im Johannesevangelium der Heilige Geist genannt, den Jesus seinen Jüngern verheißen hat; vgl. Joh 14, 16f; Joh 15, 26; Joh 16, 7 (dieser Ausdruck wird nur in den johanneischen Schriften im NT verwendet; vgl. aber Röm 8, 34; Hebr 7, 25).

³ Wahre Erkenntnis erschließt sich nur dem Liebenden - Liebe aber führt dazu, den berechtigten Wunsch des anderen zu erfüllen.

⁶ In Christus hat uns Gott ein verbindliches Vorbild vor Augen gestellt. - 'In ihm bleiben' bedeutet zum einen, sich von seinem Geist leiten zu lassen, zum anderen, zu wissen, daß das Verbleiben in ihm durch die Sünde gefährdet ist.

[8] Vgl. Joh 13, 34f.

[10] Wörtlich: '...und kein Ärgernis (skandalon) ist in ihm.'

[11] Die Sünde kann zur Verblendung führen, daß die Wirklichkeit nicht mehr richtig wahrgenommen wird, und in der Verstocktheit enden, im Nicht-bereit-sein, bzw. in der Unfähigkeit, sich zu bekehren.

[13] Wie in Vers 3 ist mit 'erkannt haben' nicht nur einfaches Erkennen, sondern tiefes, inniges 'Verbundensein', 'Gemeinschaft haben' gemeint.

[16] Die 'Begierde des Fleisches' umfaßt nicht nur den sexuellen Bereich, sondern auch z.B. Völlerei, Trunksucht u.a.

[18] Vgl. 2Thess 2, 3 - 12; für Johannes sind die Irrlehrer 'Antichristen' (nur hier wird im NT dieser Ausdruck im Plural gebraucht). - Johannes setzt sich in diesem Brief mit doketistischen Lehren wie der des Judenchristen Kerinth auseinander, der unter anderem behauptete, auf den gerechten und weisen Menschen Jesus sei bei der Taufe in Gestalt der Taube der Christus vom göttlichen Urprinzip herabgekommen, habe den unbekannten göttlichen Vater verkündet und Wunder gewirkt. Vor der Kreuzigung habe sich der himmlische Christus vom Menschen Jesus getrennt, der dann gekreuzigt und von Gott auferweckt wurde. Ähnliche Lehren hat auch die judenchristliche Sekte (s. die Anm. zu Apg 24, 5) der Ebioniten vorgetragen.

[27] Wörtlich: 'Ihr habt das Salböl', das ist den Heiligen Geist, der das Wissen der göttlichen Wahrheit ermöglicht und schenkt. - Wer sich vom Geist Gottes leiten läßt, braucht keine Belehrung. Doch auch hier ist kritisches Urteilsvermögen, die 'Unterscheidung der Geister', gefordert, vgl. 1Joh 4, 1 - 6.

[28] '...bleibt in ihm' - in Christus.

Kapitel 3

² '...bei seinem Erscheinen' - bei der Wiederkunft Christi.

⁶ Wer 'in ihm bleibt, sündigt nicht' - 'Sünde' wird im Folgenden nicht nur als ein gelegentliches Versagen der Christen, wie in 1Joh 2, 1, sondern als die Abkehr und Trennung von Gott (Sünde im engeren Sinn) verstanden (vgl. dazu auch 1Joh 5, 16 - 18).

⁹ Der 'Same' Gottes in uns ist sein Wort und der Heilige Geist, der uns 'Anteil an seiner Natur' schenkt (vgl. 2Petr 1, 4); theologisch ausgedrückt: die 'heiligmachende Gnade'.

¹⁸⁻¹⁹ Wer liebt, ist aus Gott (vgl. dazu 1Petr 4, 8; Lk 7, 47); aber: Kann man wirklich lieben ohne Glauben an Gott (vgl. V.23 und 1Joh 5, 2)? Gehört zur Liebe nicht auch die Förderung des ewigen Wohles des anderen?

Kapitel 4

⁵ Wörtlich: '...deswegen reden sie heraus aus der Welt'.

⁶ Die radikale Intoleranz gründet auf dem Absolutheitsanspruch der christlichen Offenbarung.

²¹ Vgl. Mt 22, 36 - 39.

Kapitel 5

¹⁻² Das Kriterium der Liebe zu Gott ist die Liebe zum Nächsten. Aber die Liebe zum Nächsten ist nur vollkommen aus der Liebe zu Gott; insofern ist die Liebe zu Gott auch das Kriterium unserer Liebe zum Nächsten.

⁶ '...der gekommen ist durch Wasser und Blut' - Der Sohn Gottes (V.5) kam und begann, den Auftrag des Vater damit auszuführen, daß er sich im Wasser taufen ließ (vgl. Mt 3, 13 - 15), - das geben auch die Irrlehrer zu -, Jesus beendete sein aufgetragenes Werk mit seinem blutigen Tod am Kreuz, den die Irrlehrer leugnen (deshalb die Bekräftigung: 'nicht im Wasser allein'!). - Wasser und Blut, Taufe und Tod Jesu sind die Eckdaten seines erlösenden Tuns, das vom Geist Gottes bezeugt wird.

⁷⁻⁸ Eine Behauptung verdient nach Dtn 17, 6 auf die Aussage von wenigstens zwei oder drei Zeugen Glauben. - Die Tatsachen im Leben Jesu (Taufe und Tod) stimmen mit dem Zeugnis des Heiligen Geistes für ihn in der Kirche zusammen. Bei der Taufe ist wohl an das Zeugnis des Vaters (vgl. Mt 3, 17) und beim Tod an die Auferweckung durch Gott und Erhöhung gedacht (vgl. Apg 2, 32 - 36); durch beide Auszeichnungen hat Gott Jesus als seinen Sohn und als Christus bezeugt.

⁸ Viele Handschriften erweitern den Text durch das sog. 'Comma Johanneum', das nicht zum ursprünglichen Text gehört. Es fehlt in sämtlichen alten griechischen Handschriften und wurde wohl in Spanien oder Nordafrika im vierten Jhd. in den lateinischen Text eingefügt: 'So sind es drei, die Zeugnis geben im Himmel: Der Vater, das Wort und der Heilige Geist, und diese drei sind eins. Und drei geben Zeugnis auf Erden: Der Geist, das Wasser und das Blut, und diese drei bilden eine Einheit.'

¹⁶ Vgl. Anm. zu Mt 12, 32.

²⁰ 'Er ist der wahrhaftige Gott und das ewige Leben' - eine der tiefsten und bedeutendsten Aussagen des Neuen Testamentes über Jesus.

²¹ 'Götzen' - Personen, Institutionen, Dinge, Ideen, Werte, die an den Menschen absolute Ansprüche stellen und so versuchen, in seinem Leben die Stelle Gottes einzunehmen.

2Joh

Kapitel 1

[1] Die Herrin und ihre Kinder sind eine uns unbekannte kleinasiatische Christengemeinde und ihre Gläubigen.

[7] Die Irrlehrer scheinen weder aus dieser Gemeinde ausgegangen, noch in ihr schon aufgetreten zu sein. Vgl. Anm. zu 1Joh 2, 18.

[10-11] In den Gemeinden der Urkirche wurden Wanderprediger herzlich aufgenommen (vgl. 3Joh 5 - 8. 10), damit war aber die Gefahr verbunden, evtl. Irrlehren Vorschub zu leisten. Deshalb die Anordnung des Apostels, fremde Prediger auf ihre Rechtgläubigkeit hin zu prüfen. Dem Irrlehrer sollte selbst der mit Heilswünschen verbundene Gruß, verweigert werden.

[13] Die 'auserwählte Schwester' ist die Gemeinde, in der Johannes tätig war (nach der Überlieferung die Christengemeinde von Ephesus).

3Joh

Kapitel 1

³ 'Wahrheit' = Rechtgläubigkeit; '...in der Wahrheit wandeln' = ein gottgefälliges Leben führen.

⁶ '...vor der Gemeinde' - des Apostels.

⁸ Nach der Didache, einer in der alten Kirche weit verbreiteten Schrift, sollen die Wanderapostel, sofern sie echte Sendboten der Kirche sind, 'wie der Herr' aufgenommen werden, vgl. Mt 10, 40 - 42.

⁹ Dieser Brief, der sich offensichtlich mit der Frage der Unterstützung der Wanderapostel befaßte, kann nicht der zweite Johannesbrief sein; er ist wohl verloren gegangen, bzw. von Diotrephes vernichtet worden. - Über die Gründe der ablehnenden Haltung des Diotrephes ('der unter ihnen der Erste sein will') dem Apostel gegenüber wissen wir nichts. Es scheint Eitelkeit und Herrschsucht und Überheblichkeit mit im Spiel gewesen zu sein.

¹⁰ '...die Brüder' = die missionierenden Wanderapostel.

Jud

Kapitel 1

[3-16] Vgl. 2Petr 2, 1 - 22.

[4] '...Gnade in Ausschweifung verkehren' - die Gnade der von Christus geschenkten Freiheit wird von ihnen, wie sich in ihren Ausschweifungen zeigt, in Bindungslosigkeit und Selbstsucht verkehrt.

[5] Vgl. Num 14, 26 - 35.

[6] Vgl. die Anm. zu 2Petr 2, 4; Gen 6, 1 - 6.

[7] Vgl. Gen 19, 1 - 25 - '...die ähnlich wie diese Unzucht trieben' - Bezug auf die beiden vorangegangenen Verse (s. Anm. zu 2Petr 2, 4; Gen 6, 1 - 6). - '...mit Wesen anderer Art verkehren wollten' (wörtlich: 'sie liefen anderem Fleisch nach') - die Bewohner von Sodom stellten den Engeln nach, die sich in Männergestalt bei Lot einquartiert hatten.

[8] '...verachten die Herrschaft' - gemeint ist die Herrschaft Christi; 'Träger der Herrlichkeit' = Engel.

[9] Als 'Erzengel' wird Michael in der Bibel nur hier bezeichnet. - Judas bezieht sich auf die verlorengegangene außerbiblische Schrift 'Himmelfahrt des Mose'. Die Aussage von Dtn 34, 6 ('Jahwe begrub Mose') schien Späteren anstößig - die Septuaginta (2. Jhd. v.Chr.) z.B. übersetzt: 'Man (!) begrub Mose' - deshalb wurde in den Legenden um den Tod und die Bestattung von Mose erklärt, Engel hätten ihn begraben, wobei Michael als Schützer Israels und Bekämpfer des Teufels (vgl. Dan 10, 13. 20f.) eine besondere Bedeutung zukam. - '...nicht gewagt, ein lästerndes Urteil zu äußern' (= den Teufel in einem richtenden Spruch zu verurteilen und zu verdammen, was eine Lästerung der teuflischen Macht gewesen wäre) - Bezug zu 'lästern' im vorigen und folgenden Vers: Die Irrlehrer nehmen sich etwas heraus, was nicht einmal Michael im Streit mit Satan

diesem gegenüber gewagt hatte.

[10] Vgl. 1Kor 2, 10. 14f.

[11] Zu Kain vgl. Gen 4, 9 - 12.- Zu Bileam, vgl. Num 31, 8f. 15f; ihn stellt die altjüdische Tradition als Verführer der Israeliten zu Unzucht und Götzendienst dar, was er sich hatte entlohnen lassen. Dafür wurde er auch von den Israeliten getötet. - Zu Korach vgl. Num 16, 2f. 28 - 32.

[13] 'Wandelsterne' (planetoi), die im Gegensatz zu den Fixsternen keinen festen Platz am Himmel einnehmen und deshalb für Menschen nicht verläßliche Bezugspunkte sein können.

[14] Eine Myriade sind Zehntausend, bzw. 'eine unzählbare Menge'. - Zu Henoch vgl. Gen 5, 21 - 24. - Das in den beiden Jahrhunderten v.Chr. entstandene ursprünglich aramäische, jetzt äthiopisch vorliegende erste Henochbuch (ein zweites, ursprünglich griechisches, jetzt als slawisches Fragment bekanntes Henochbuch scheint ein Ableger des ersten zu sein), berichtet von dem, was der Patriarch in Visionen und auf Reisen durch irdische und himmlische Dimensionen geschaut haben soll, und enthält Spekulationen über den Ablauf der Weltgeschichte und Abschiedsreden an die Nachkommen. Das Buch Henoch erfreute sich - obwohl es nicht in das Verzeichnis der kanonischen Schriften aufgenommen wurde - um die Zeitenwende großer Beliebtheit und genießt bis heute in der äthiopischen Kirche kanonisches Ansehen. (Schiwy)

[22 - 23] Einige Textzeugen lesen: '(22) Und der einen, der Zweifelnden, erbarmt euch, (23) die anderen rettet, sie aus dem Feuer reißend, wieder andere bemitleidet in Furcht...'

[23] Mit den 'anderen' sind abgefallene Christen gemeint, die den gnostischen Irrlehren gefolgt sind. - '...vom Fleisch befleckt' - hier bedeutet 'Fleisch' die der Sünde verfallene menschliche Existenz.

Offb

Kapitel 1

[1] 'Offenbarung' ('apocalypsis' im Griechischen) ist als Enthüllung verborgener zukünftiger Ereignisse zu verstehen, die die Endzeit, d.h. das Kommen des Gottesreiches, zum Gegenstand hat.

[4] Die Zahl sieben versinnbildlicht die Mannigfaltigkeit innerhalb einer in sich geschlossenen Einheit - die sieben Gemeinden stehen für die ganze Kirche, die sieben Geister für den Heiligen Geist mit seinen 'sieben Gaben'. - '...der ist und der war und der kommen wird' - Umschreibung für Gott.

[6] Die an Christus Glaubenden bilden ein 'Königreich', insofern sie die Königsherrschaft Gottes über die Schöpfung anerkennen und sich ihr unterwerfen; sie sind 'Priester', indem sie Gott Lob und Preis darbringen und Gottes Heil den Menschen vermitteln.

[8] Alpha und Omega sind der erste und der letzte Buchstaben im griechischen Alphabet, Symbol für den Anfang und das Ende, für den Ersten und den Letzten.

[9] Johannes war nach dem Zeugnis der alten Kirchenväter unter Kaiser Domitian auf die Insel Patmos verbannt worden, die auch Plinius d. Ältere als Verbannungsort erwähnt. Die verhältnismäßig milde Maßnahme deutet darauf hin, daß nicht eine Christenverfolgung, sondern administrative Gründe dazu geführt hatten (die Obrigkeit sah in der Tätigkeit des Apostels wohl eine Störung der öffentlichen Ruhe und Ordnung).

[10] 'Tag des Herrn' = Sonntag.

[20] '...die Engel der sieben Gemeinden' - Deutung umstritten: die Bischöfe oder die himmlischen Schutzgeister der Gemeinden, bzw. die personifizierte Gemeinde oder der personifizierte Geist der Gemeinde, in dem sich ihre lebendige Einheit darstellt. - Als 'Engel' (= Bote) werden im Alten Testament auch Propheten und Priester bezeichnet,

z.B. Hag 1, 13; Mal 2, 7).

Kapitel 2

[2] Vgl. die Abschiedsrede des hl. Paulus an die Ältesten der Gemeinde in Ephesus, Apg 20, 29 - 31.

[6] Nikolaiten - eine Sekte (s. die Anm. zu Apg 24, 5), der vorgeworfen wurde, wie Bileam (der den Moabiterinnen geraten haben soll, sich den Israeliten preiszugeben, unter der Bedingung, daß sie sich zu ihren Göttern bekehrten und an den Opfermahlen teilnahmen, vgl. Num 31, 8f. 15f.), durch Erlaubnis sexueller Freizügigkeit, Teilnahme an Götzenopfer und Kaiserkult, für sich zu werben.

[9] In Smyrna war eine starke jüdische Gemeinde, die sich noch zur Zeit des Martyriums des Bischofs Polykarp (um 155) sehr feindselig gegenüber diesem und den Christen zeigte. - Mit den 'Juden' könnten aber auch judaisierende Christen gemeint sein.

[11] Der 'zweite Tod' ist die ewige Verdammnis, wenn der Mensch endgültig von Gott und dem göttlichen Leben geschieden ist (vgl. Offb 20, 6. 14; Offb 21, 8), vor der der Sieger bewahrt bleibt. Den 'ersten', den leiblichen Tod, werden einige Christen von Smyrna als Märtyrer bald erdulden müssen.

[13] 'Thron Satans' - Anspielung auf den Zeusaltar oder den Tempel des Asklepios, dessen Wunderkuren den Christen als teuflische Nachäffung der Wunder Christi galten; das Zeichen des Asklepios (Stab mit Schlange) legt diese Deutung besonders nahe (in Gen 3, 1 - 6. 14f. ist die Schlange Symbol des Satans). - Über die Umstände, die zum Tod von Antipas führten, ist sonst nichts bekannt.

[14-15] Vgl. Anm. zu Offb 2, 6.

[17] Bei den griechischen Wettkämpfen erhielt der Sieger zur Beglaubigung ein weißes Täfelchen, auf dem sein Name eingegraben war.

[20] Isebel ist hier das Symbol für eine Richtung. Es handelt sich auch hier wohl um die Irrlehre der Nikolaiten (vgl. Anm. zu Offb 2, 6), die von sich behaupteten, daß sie

die 'Tiefen des Satans' (V.24) ergründet hätten (daß sie durch tiefere Erkenntnis - Gnosis - in die geheimnisvollen Tiefen der satanischen Macht eingedrungen seien, wodurch diese für sie ungefährlich geworden wäre?). - Zur phönizischen Prinzessin Isebel, die ihren Mann, den schwachen König Ahab und den größten Teil des Volkes zum Götzendienst, mit dem regelmäßig Unzucht verbunden war, verführte, vgl. 1Kön 16, 31 - 33.

[23] 'Herz und Nieren' = die tiefsten und verborgensten Schichten der menschlichen Psyche.

[27] '...mit eisernem Zepter (= Stab) weiden' bedeutet im alttestamentlichen Sprachgebrauch: besiegen und vernichten; hier: der ewigen Verdammnis überantworten. (In der Einheitsübersetzung lautet der letzte Teil dieses Verses: '...und sie zerschlagen wie Tongeschirr.'

[28] '...den Morgenstern geben' - Christus bezeichnet sich selbst als den Morgenstern (vgl. Offb 22, 16) - der Sieger wird in die Lebensgemeinschaft mit Christus hineingenommen werden.

Kapitel 3

[5] Vgl. Mt 10, 32f.

[7] 'Schlüssel Davids' - vgl. Jes 22, 22 - Christus hat als verheißener Davidssohn die Schlüsselgewalt und entscheidet unwidersprechlich darüber, wer ins messianische Reich eingehen darf und wer von ihm ausgeschlossen bleibt.

[8] '...geringe Kraft' - die Gemeinde war wohl nur klein und bestand wahrscheinlich aus Sklaven und Gliedern unterer Stände.

[9] Vgl. die Kapitel 9 bis 11 des Briefes an die Römer. - Vgl. auch die Anm. zu Offb 2, 9.

[12] Zu Ehren des Siegers im Olympischen Wettkampf wurde im Tempel eine Säule aufgestellt, die die kommende Jugend zu gleichem Ringen aneifern sollte.

¹⁴ '... der das Amen ist' - Amen = wahrlich, gewiß; Christus ist als der 'treue Zeuge' dadurch erwiesen, daß er - allen Widerständen zum Trotz - die Offenbarung Gottes den Menschen verkündete und dafür sogar in den Tod ging.

¹⁸ Die Formulierungen sind offenbar dadurch veranlaßt, daß sich in Laodizea viele Banken befanden, die Fabrikation von glänzenden schwarzen Wollstoffen sehr gepflegt und eine Augensalbe in Form von weichen Stäben zum Bestreichen der Augen hergestellt und exportiert wurde.

²⁰ Für den Olympischen Sieger bestand die höchste Auszeichnung darin, daß er auf dem Thron neben dem Kaiser sitzen durfte.

Kapitel 4

² Vgl. zum Folgenden Jes 6; Ez 1, 4 - 28.

³ Der Jaspis ist ein Edelstein verschiedener, der Karneol (Sardion) rötlicher Färbung.

⁴ Die 'vierundzwanzig Ältesten', das Ältestenkollegium des himmlischen Gottesvolkes, entsprechen dem Kollegium der Ältesten, das in der irdischen Kirche der Bischof um sich hatte.

⁵ Sturm, Blitz und Donner sind ein im Alten Testament oft verwendetes Bild für die Macht und Herrlichkeit des sich offenbarenden Gottes (vgl. z.B. die Gottesoffenbarung am Berg Sinai Ex 19, 16).

⁶ Nach altorientalischer Vorstellung befand sich die himmlische Welt über dem 'himmlischen Ozean' (dem 'oberen Wasser', vgl. Gen 1, 7). Der Raum vor und unter dem Thron Gottes wird daher mit der Oberfläche des Meeres verglichen, deren obere Schicht fest wie Glas und klar wie ein Bergkristall ist. - Die 'Wesen' (Lebewesen), die teils wilden und zahmen Tieren und Vögeln, teils Menschen gleichen, stellen wohl das geschöpfliche Leben in seiner paradiesischen Unverdorbenheit dar.

Kapitel 5

[1] Normalerweise wurde die Papyrusrolle nur auf der geglätteten Vorderseite beschrieben. Die Versiegelung erfolgte, indem um die Rolle Schnüre gelegt und mit Siegeln befestigt wurden. In der Regel, wenn auch nicht vorgeschrieben, brachten der Aussteller und sechs Zeugen ihre Siegel an ('siebenmal besiegelt').

[5] Zu den alttestamentlichen messianischen Würdenamen vgl. Gen 49, 9; Jes 11, 1. 10.

[6] '...sieben Hörner und sieben Augen' - Symbol für Fülle der Kraft und des Wissens.

[10] Vgl. Anm. zu Offb 1, 6.

Kapitel 6

[2] Der erste Reiter symbolisiert den Krieg (der Bogen als orientalisches Kriegs- und Königszeichen). Auf weißen Pferden zogen die Sieger in Rom ein.

[4] Der zweite Reiter symbolisiert wohl den Bürgerkrieg, den Kampf aller gegen alle.

[5] Der dritte Reiter bringt Mißernte und in deren Folge Teuerung und Hunger.

[6] Das Maß (= Choinix) Weizen war die Tagesration des Arbeiters. Ein Maß der besseren Getreideart, des Weizens, soll einen Denar, den Taglohn eines Arbeiters, und drei Maß der geringeren Gerste ebenfalls einen Denar kosten, d.h., der Tagesbedarf an Brotgetreide wird den ganzen Verdienst eines Arbeiters aufzehren (in der Zeit Ciceros, + 43 v.Chr., bezahlte man für zwölf Maß Weizen einen und für zwölf Maß Gerste einen halben Denar).

[10] Es ist der Schrei nach der Herrschaft göttlicher Gerechtigkeit, die erscheinen und sich durchsetzen muß, wenn anders Gott noch wirklich Gott ist. Es kann nicht so bleiben, daß Gottes treue Diener verfolgt, geschmäht und getötet werden. Der Tag der großen Abrechnung, Klarstellung und Vergeltung allen Unrechts muß kommen. (Wendland).

Kapitel 7

³ Durch das Aufdrücken des Siegels wurde ein Gegenstand oder eine Person zum Eigentum erklärt.

⁴ Die Zahl 144.000 ist eine reine Gleichniszahl (12 mal 12 mal 1000). Sie stellt sinnbildlich dar, daß die Gemeinde der Besiegelten den Charakter der absoluten, von Gott gewollten Vollständigkeit (12 mal 12) und gewaltigen Größe (mal 1000) besitzt.

⁹ Die 'große Schar, die niemand zu zählen vermochte', bilden die aus den zwölf Stämmen Israel und aus den heidnischen Völkern Erlösten.

¹² Das 'Amen' zu Anfang verdeutlicht Aufnahme und Bekräftigung des Lobpreises der Geretteten (= Ja, wahrhaftig!).

Kapitel 8

¹ 'Als es... ' - gemeint ist 'das Lamm'.

² Die Posaune erscheint schon im Alten Testament in Beziehung zu eschatologischen Ereignissen (vgl. Jes 27, 13; Joel 2, 1); im Neuen Testament kündigt sie den Anbruch des endzeitlichen Geschehens an (vgl. 1Kor 15, 52; 1Thess 4, 16; Mt 24, 31).

¹³ Statt 'Adler' lesen einige Textzeugen 'Engel'.

Kapitel 9

¹ Der 'Abgrund' (Abyssus) - der Aufenthalts- und vorläufige Strafort für die bösen Geister, wird aufgeschlossen, weil auch das Dämonische in den Dienst des strafenden

Gottes gestellt werden soll.

⁵ Fünf Monate ist die Lebenszeit der Heuschrecke. - Der Stich des Skorpions ist sehr schmerzhaft, aber selten gefährlich.

¹¹ 'Abaddon' = Abgrund (im Alten Testament gleichbedeutend mit 'scheol' = Unterwelt, Totenreich, vgl. Ps 88, 12;Ijob 26, 6;Ijob 28, 22;Spr 15, 11) - das Verderben. - 'Apollyon' = Verderber.

¹⁴ Die aus dem Osten, von Mesopotamien, der Gegend am Euphrat, von den Assyrern und Babyloniern ausgehende Gefahr, bestand schon im Alten Testament: die Assyrer eroberten Samaria, die Hauptstadt des Nordreiches (Israel), 720 v.Chr. und verschleppten die Bevölkerung nach Assur; die Babylonier, die Jerusalem, die Hauptstadt des Südreichs (Juda), schon am 15./16. März 598 eingenommen hatten, zerstörten die Stadt 587/586 v.Chr. und führten die Bevölkerung in die 'babylonische Gefangenschaft'.

²⁰⁻²¹ Zum erstenmal wird der Zweck der Plagen genannt: die Bekehrung der Menschen vom Götzendienst, mit dem regelmäßig Lasterhaftigkeit verbunden ist.

Kapitel 10

⁹⁻¹⁰ Vgl. Ez 2, 8 - 10; Ez 3, 1 - 3.

Kapitel 11

¹ Die Prophetie dieses Kapitels ist wohl auf das religiöse Schicksal des Volkes Israel zu beziehen. Die 'Messung' hätte dann eine ähnliche Bedeutung wie die Besiegelung Offb 7, 3 - 8.

² Vgl. Lk 21, 24. - '...zweiundvierzig Monate' - Die unterschiedliche, jedoch gleiche Zeitangabe, die der Verfasser der Offenbarung verwendet: 1260 Tage = 42 Monate =

dreieinhalb Jahre (das Jahr zu 360 Tagen) = 'eine Zeit und Zeiten und eine halbe Zeit' ('Zeit' = ein Jahr, 'Zeiten' = zwei Jahre), bezeichnen den Zeitraum der Wirksamkeit des Antichristen, die große Not- und Drangsalzeit der Kirche. Diese Zahl wird auch in Lk 4, 25; Jak 5, 17 als Unglückszahl angeführt. Sie stammt aus Dan 7, 25 und umgrenzt dort die große Notzeit des Volkes Israel unter dem syrischen König Antiochus IV. Epiphanes (Juni 168 - Dezember 165 v.Chr.), der die jüdische Religion vollständig ausrotten wollte. Die Heiligen des Höchsten werden 'eine Zeit und Zeiten und eine halbe Zeit' in die Hand dieses Königs (des 'kleinen Horns' in Daniels Vision) gegeben werden.

3-13 Dieses Stück knüpft an die in 2Thess 2, 3 bezeugte ältere Antichristtradition und die jüdische und urchristliche Erwartung eines Vorläufers des Messias an und weissagt das Auftreten des wiederkommenden Elija und Mose als kraftvolle Bußprediger in Jerusalem - wobei die Hauptstadt das Volk vertritt -, um das ungläubige Israel zum Glauben an Christus zu bekehren. Wenn die beiden auch den Zeugentod sterben müssen - ob sie Mose und Elija in Person oder ihnen gleichende Gottesmänner sind (vgl. die Aussage über Johannes den Täufer Lk 1, 17), ist nicht von Bedeutung -, so wird das Ziel ihres Wirkens durch Gottes wunderbares Eingreifen doch erreicht. Der größte Teil des bisher noch ungläubigen Volkes kommt zum Glauben an Christus (vgl. Mt 23, 39; Lk 13, 35). - Die Prophetie enthält somit die gleiche Wahrheit, die Paulus Röm 11, 25f. als ihm geoffenbartes Geheimnis erhält, daß sich Israel in der Endzeit zu Christus bekehren wird.

4 'Ölbäume' = sie sind 'Gesalbte', mit dem Geist Gottes ausgestattet. - 'Leuchter...vor dem Herrn' - Träger des göttlichen Lichtes, Gottes wohlgefällige Diener, die unter seinem Schutz stehen.

5 Vgl. Num 16, 35; 2Kön 1, 10.

6 Vgl. 1Kön 17, 1; Ex 7, 14 - 25.

7 'Tier' - vgl. Offb 13, 1 - 10.

8 '...die große Stadt' = Jerusalem; Die Bezeichnungen 'Sodom' und 'Ägypten' sollen die Lasterhaftigkeit der Bewohner kennzeichnen.

15 'Die Herrschaft über die Welt' wird von den einen als Heilsbegriff gedeutet, andere sehen in diesem Begriff, den sie im Sinne einer politischen Weltherrschaft verstehen, das Grundthema der Joh-Offb überhaupt angesprochen, hinter dem die Frage steht:

Wem gehört letztendlich die Herrschaft über die Welt: Dem 'Löwen aus dem Stamm Juda' oder dem Satan, dessen Werkzeug der Antichrist ist?

Kapitel 12

[1-2] Unter der Frau, die der Seher im Glanz himmlischer Herrlichkeit schaut, ist zusammengefaßt das alte und neue Gottesvolk (die ja eine Einheit bilden) zu verstehen, nicht in seiner konkreten, irdischen Erscheinung, sondern als Vorbild und Urbild, das sein eigentliches Wesen darstellt und von Anfang an bei Gott im Himmel gegenwärtig ist. Aus dem Gottesvolk ist Christus geboren worden, es kann (als Kirche) vom Bösen als Ganzes nicht besiegt werden, deshalb richtet sich der Zorn des Drachen gegen die einzelnen Glieder, die 'Nachkommenschaft' (V.17).

[3] Der Drache, der in den Mythologien vieler Völker bekannt ist, stellt hier die Verkörperung der bösen, verderbenbringenden widergöttlichen Macht dar. - Die Siebenzahl der Köpfe soll die höchste Entfaltung gottfeindlicher Kraft versinnbilden; die Kronen sind Zeichen der Herrschermacht.

[6] '...zwölfhundertsechzig Tage' - vgl. Anm. zu Offb 11, 2.

[11] Wörtlich: '...und haben ihr Leben nicht bis zum Tod geliebt.'

[14] '...eine Zeit, Zeiten und eine halbe Zeit'- vgl. Anm. zu Offb 11, 2.

Kapitel 13

[1] Die zehn Hörner und die sieben Köpfe werden in Offb 17, 9 - 14 gedeutet. - Vgl. auch Dan 7, 2 - 28. - Das 'Tier', vom Drachen gerufen und von ihm mit Macht ausgestattet, ist gewissermaßen der 'irdische Agent Satans'.

[5] '...zweiundvierzig Monate' - vgl. Anm. zu Offb 11, 2.

¹¹ Äußerlich gleicht das zweite Tier dem sanften, friedfertigen Lamm (vgl. Mt 7, 15), sein inneres Wesen jedoch entspricht, wie es seine Reden zeigen, dem des Drachen. Es wird zum Propheten des Drachen und versucht, diesen mit einem religiösen Nimbus zu umgeben und so seine Macht zu stärken.

¹⁸ Juden und Griechen verwendeten die Buchstaben ihres Alphabets gleichzeitig als Ziffern (a = 1, b = 2 u.s.f.). Deshalb konnte auch der Zahlenwert eines Namens durch Zusammenzählen der Werte der Buchstaben als Ziffern berechnet werden; für die griechische Form des Namens Jesus ergab sich z.B. der Zahlenwert 888. - Auf wen Johannes mit der Zahl 666 hinweisen will, ist nicht mit Sicherheit festzustellen; der Schlüssel für die Lösung dieses Rätsels muß schon am Anfang des zweiten Jhds. verlorengegangen sein. Einiges deutet auf Kaiser Nero; bei Zugrundelegung des hebräischen Alphabets ergeben die Worte 'Neron Qesar' (= griechische Wortform) den Zahlenwert 666.

Kapitel 14

³ Vgl. Anm. zu Offb 7, 4.

⁴⁻⁵ Drei hervorstechende Eigenschaften der Erlösten werden gerühmt: (1.) sie haben sich von aller Unsittlichkeit, insbesondere allen geschlechtlichen Verirrungen, die im damaligen Heidentum so weit verbreitet waren, ferngehalten (vgl. 2Kor 11, 2); (2.) sie sind Christus auf dem Weg des Leidens und des Kreuzes nachgefolgt (vgl. Mk 8, 34); (3.) sie zeichnen sich im Gegensatz zur verlogenen Welt wie der 'Rest Israels' bei Zef 3, 13 durch strenge Wahrhaftigkeit aus.

⁸ Das 'große Babylon' ist schon bei Dan 4, 27 das Bild der gottlosen, dem Götzendienst und allen Lastern verfallenen Welt.

¹⁰⁻¹¹ Feuer, Schwefel, Rauch sind alttestamentlichen Lesern als Zeichen göttlichen Strafgerichtes über Sodom und Gomorra bekannt, vgl. Gen 19, 23 - 28.

¹³ Man könnte - durch andere Interpunktion - den Text auch so lesen: 'Selig sind von jetzt an die Toten. Die im Herrn sterben, fürwahr, so spricht der Geist: sie sollen ausruhen von ihren Mühen.'

[20] Nach altjüdischem Glauben hält Gott das letzte, vernichtende Gericht über seine Feinde vor den Toren Jerusalems ab (vgl. Joel 4, 2. 12; Sach 14, 4f). - Ein Stadion = 192 Meter.

Kapitel 15

[2] Vgl. Anm. zu Offb 4, 6.

[3] Zum 'Lied des Mose' vgl. Ex 15, 1 - 19. - einige Handschriften lesen statt 'König aller Völker' - 'König aller Zeiten'.

[5] Der himmlische Tempel, der das Urbild des 'Zeltes des Zeugnisses', der 'Stiftshütte' ist; vgl. Ex 25, 9. 40.

[8] Während der Dauer dieser Plagen vermag niemand den Tempel zu betreten, um durch Gebet und Fürbitte diese Züchtigung von der Erde abzuwehren.

Kapitel 16

[2] Die im Folgenden dargestellten Plagen erinnern teilweise an die sog. 'Ägyptischen Plagen', vgl. die Kapitel Ex 9 und 10.

[10] Da der Zusammenhang der Finsternis mit dem Schmerz nicht erkennbar ist, nehmen manche Exegeten an, der Text dieses Verses sei verstümmelt.

[12] Der zeitgeschichtliche Hintergrund dieser Weissagung ist, daß damals die Parther die gefährlichsten Feinde des römischen Reiches waren und der Euphrat eine starke Schutzwehr gegen ihre Angriffe darstellte. Vgl. auch Anm. zu Offb 9, 14.

[16] Der Name 'Harmagedon' (= Berg von Megiddo) kommt sonst nirgends vor. - Megiddo ist eine Stadt auf einem Hügel am Südrand der Ebene von Jesreel, auf der zahlreiche

blutige Schlachten geschlagen worden waren.

Kapitel 17

[1] Zur 'großen Hure' vgl. die Anm. zu Weish 14, 12. - Rom (das hier mit 'Babylon' gemeint ist) erscheint als die 'große Dirne', weil sie die Völker zum Götzendienst (Kaiserkult!) und Sittenlosigkeit aller Art verführt (vgl. Röm 1, 24 - 32). - '...an vielen Wassern sitzt' - die Formulierung stammt von Jer 51, 13 und weist auf den Euphrat, an dem Babylon lag, und die vielen dortigen Kanäle und Wasserläufe hin.

[3] '...gotteslästerliche Namen' - vielleicht Anspielung auf die zahllosen Gottheiten Roms und der Völker in seinem Machtbereich.

[9] Rom war auf sieben Hügeln erbaut.

Kapitel 18

[12-13] Bei den hier aufgezählten Waren handelt es sich fast durchweg um Gegenstände der gehobenen Luxusklasse. - Thujaholz = Holz vom Lebensbaum, einem Ziergewächs aus der Gattung der Nadelhölzer (nach anderen Übersetzern ist hier das Holz des Citrusbaumes gemeint).

[13] 'Leib und Seele von Menschen' - gemeint ist hier nicht (nur) der Kauf, bzw. Verkauf von Sklaven, sondern auch die Korrumpierung der Menschen durch Geld und Macht.

Kapitel 19

[1] Zu 'Halleluja' vgl. die Anm. zu Ps 106, 1.

[8] '...es wurde ihr gegeben...' - ihr 'Hochzeitskleid', d.h. ihre Heiligkeit, hat die Braut Christi, die Kirche, letztlich von Gott selbst als Gnadengabe empfangen.

[20] Vgl. Anm. zu Offb 14, 10.

Kapitel 20

[1-3] Hinter dem Antichristen und seiner Macht steht der Drache, Satan selber. Nachdem der Antichrist und sein Heer besiegt und vernichtet sind, wird der Satan in den Abgrund geworfen, den kein Unberufener öffnen kann. Während dieser Zeit kann er auf der Erde nicht zur Feindschaft gegen Christus und die Seinen aufreizen. Die Fesselung Satans hat also den Zweck, die Zeit des messianischen Reiches von Störungen durch die von ihm verführten Völker (V.8-10) frei zu halten.

[4-6] Das 'tausendjährige Reich' ist bildlich zu verstehen. Was Johannes dadurch darstellen will, ist nicht befriedigend zu beantworten. In weiten Kreisen der alten Kirche hat man die Weissagung wörtlich verstanden und ein tausendjähriges Christusreich als Abschluß dieser Weltzeit erwartet. Man nennt diesen Glauben 'Chiliasmus' (vom Griechischen chilioi = 1000); er wurde vor allem von den Kirchenvätern Hieronymus und Augustinus widerlegt; in das Glaubensbekenntnis der Kirche haben chiliastische Ideen nicht Eingang gefunden. In unserer Zeit vertreten ihn nur noch einige Sekten (s. die Anm. zu Apg 24, 5) manchmal verknüpft mit Auswanderungsbewegungen in die Wüste, auf Berge oder in ein 'gelobtes Land' (vgl. den Zug der Mormonen in das Salzseegebiet 1847). - Die Hoffnung auf ein zukünftiges Reich des Friedens und der Gerechtigkeit, hatte auch Einfluß auf politische, sogar atheistisch geprägte Ideologien (Hitlers 'Tausendjähriges Reich', Kommunismus, Blochs 'Prinzip Hoffnung').

[6] Der 'erste Tod' ist der leibliche Tod; der 'zweite Tod' ist die ewige Verdammnis, wenn der Mensch endgültig von Gott und dem göttlichen Leben geschieden, für Gott tot ist.

⁸ '...an den vier Enden der Erde' - außerhalb des ehemaligen Machtbereichs der großen Stadt Babylon. - 'Gog und Magog' - Nach Ez 38 und 39 war Gog der König von Magog. Aus dem Gebiet am Schwarzen Meer, drang er an der Spitze seiner Barbarenhorden brennend und mordend in die Kulturländer ein. Hier sind Gog und Magog Namen von Völkern, die den Endkampf gegen das messianische Reich führen.

⁹ '...geliebte Stadt' - Jerusalem.

¹⁰ Vgl. Anm. zu Offb 14, 10.

¹² Das 'Buch des Lebens' bringt zum Ausdruck, daß der Mensch sich das Heil nicht aus eigener Kraft erwerben kann, sondern von Gott auserwählt sein muß. Aber seine Werke müssen seiner Erwählung entsprechen, sonst wird er aus dem Buch des Lebens gestrichen (vgl. Ex 32, 31 - 33; Offb 3, 5).

Kapitel 21

¹ '...das Meer ist nicht mehr' - das Meer als bedrohendes Element: alles den Menschen Bedrohende ist vernichtet.

⁵ Es ist das einzige Mal, daß in der Offenbarung Gott selbst das Wort ergreift.

⁶ 'Alpha und Omega' - vgl. Anm. zu Offb 1, 8.

⁸ Vgl. Anm. zu Offb 20, 6.

¹² Daß das alte und das neue Bundesvolk zusammengehören, zeigen die Namen der zwölf Stämme Israels auf den Toren und die der Apostel auf den Grundsteinen (V.14).

¹⁴ Vgl. Eph 2, 20.

¹⁶ 12.000 Stadien = 2.300 km. - Die Würfelform der Stadt ist ein Symbol der Vollkommenheit; auch das Allerheiligste des salomonischen Tempels hatte die Form eines Würfels, vgl. 1Kön 6, 19f.

[17] 144 Ellen sind etwa 75 m.

[19-20] Die Edelsteine entsprechen mit einigen Ausnahmen denen, die den Brustschild des Hohenpriesters schmückten und in die die Namen der zwölf Stämme eingraviert waren, vgl. Ex 28, 15 - 21.

Kapitel 22

[6] 'Gott der Geister der Propheten' - Den Propheten hat Gott durch seinen Geist eingegeben, was sie zu verkünden haben (er hat sie 'inspiriert', vgl. Anm. zu 2Petr 1, 19.).

[10] 'Nicht versiegeln' - d.h. nicht geheimhalten.

[16] 'Wurzel' (= Wurzelsproß) und 'Stamm' = Nachkomme; 'Morgenstern' - der den Tag der Heilszeit ankündigt.

[20] Der Ruf: 'Komm, Herr Jesus' ist eine mögliche Übersetzung der aramäischen Formel 'Marána tha'; vgl. Anm. zu 1Kor 16, 22.

Die Namen der biblischen Bücher[2]

- **1Chr** Das erste Buch der Chronik (AT)
- **1Joh** DER ERSTE BRIEF DES HL. APOSTELS JOHANNES (NT)
- **1Kor** DER ERSTE BRIEF DES HL. PAULUS AN DIE KORINTHER (NT)
- **1Kön** Das erste Buch der Könige (AT)
- **1Makk** Das erste Buch der Makkabäer (AT)
- **1Petr** DER ERSTE BRIEF DES HL. APOSTELS PETRUS (NT)
- **1Sam** Das erste Buch Samuel (AT)
- **1Thess** DER ERSTE BRIEF DES HL. PAULUS AN DIE THESSALONICHER (NT)
- **1Tim** DER ERSTE BRIEF DES HL. PAULUS AN TIMOTHEUS (NT)
- **2Chr** Das zweite Buch der Chronik (AT)
- **2Joh** DER ZWEITE BRIEF DES HEILIGEN APOSTELS JOHANNES (NT)
- **2Kor** DER ZWEITE BRIEF DES HL. PAULUS AN DIE KORINTHER (NT)
- **2Kön** Das zweite Buch der Könige (AT)
- **2Makk** Das zweite Buch der Makkabäer (AT)
- **2Petr** DER ZWEITE BRIEF DES HL. APOSTELS PETRUS (NT)
- **2Sam** Das zweite Buch Samuel (AT)
- **2Thess** DER ZWEITE BRIEF DES HL. PAULUS AN DIE THESSALONICHER (NT)
- **2Tim** DER ZWEITE BRIEF DES HL. PAULUS AN TIMOTHEUS (NT)
- **3Joh** DER DRITTE BRIEF DES HEILIGEN APOSTELS JOHANNES (NT)
- **Amos** Das Buch Amos (AT)
- **Apg** DIE APOSTELGESCHICHTE (NT)
- **Bar** Das Buch Baruch (AT)
- **Dan** Das Buch Daniel (AT)
- **Dtn** Das Buch Deuteronomium (AT)

---
[2] Neues-Testament (NT) und Altes-Testament (AT)

- **Eph** DER BRIEF DES HL. PAULUS AN DIE EPHESER (NT)
- **Esra** Das Buch Esra (AT)
- **Est** Das Buch Ester (AT)
- **Ex** Das Buch Exodus (AT)
- **Ez** Das Buch Ezechiel (AT)
- **Gal** DER BRIEF DES HL. PAULUS AN DIE GALATER (NT)
- **Gen** Das Buch Genesis (AT)
- **Hab** Das Buch Habakuk (AT)
- **Hag** Das Buch Haggai (AT)
- **Hebr** DER BRIEF DES HL. PAULUS AN DIE HEBRÄER (NT)
- **Hld** Das Hohelied (AT)
- **Hos** Das Buch Hosea (AT)
- **Ijob** Das Buch Ijob (AT)
- **Jak** DER BRIEF DES HL. APOSTELS JAKOBUS (NT)
- **Jdt** Das Buch Judit (AT)
- **Jer** Das Buch Jeremia (AT)
- **Jes** Das Buch Jesaja (AT)
- **Joel** Das Buch Joël (AT)
- **Joh** DAS EVANGELIUM NACH JOHANNES (NT)
- **Jona** Das Buch Jona (AT)
- **Jos** Das Buch Josua (AT)
- **Jud** DER BRIEF DES HEILIGEN APOSTELS JUDAS (NT)
- **Klgl** Die Klagelieder (AT)
- **Koh** Das Buch Kohelet (AT)
- **Kol** DER BRIEF DES HL. PAULUS AN DIE KOLOSSER (NT)
- **Lev** Das Buch Levitikus (AT)
- **Lk** DAS EVANGELIUM NACH LUKAS (NT)
- **Mal** Das Buch Maleachi (AT)
- **Mi** Das Buch Micha (AT)
- **Mk** DAS EVANGELIUM NACH MARKUS (NT)

- **Mt** EVANGELIUM NACH MATTHÄUS (NT)
- **Nah** Das Buch Nahum (AT)
- **Neh** Das Buch Nehemia (AT)
- **Num** Das Buch Numeri (AT)
- **Obd** Das Buch Obadja (AT)
- **Offb** DIE GEHEIME OFFENBARUNG DES HEILIGEN APOSTELS JOHANNES (NT)
- **Phil** DER BRIEF DES HL. PAULUS AN DIE PHILIPPER (NT)
- **Phlm** DER BRIEF DES HL PAULUS AN PHILEMON (NT)
- **Ps** Das Buch der Psalmen (AT)
- **Ri** Das Buch der Richter (AT)
- **Rut** Das Buch Rut (AT)
- **Röm** DER BRIEF DES HEILIGEN APOSTELS PAULUS AN DIE RÖMER (NT)
- **Sach** Das Buch Sacharja (AT)
- **Sir** Das Buch Jesus Sirach (AT)
- **Spr** Das Buch der Sprichwörter (AT)
- **Tit** DER BRIEF DES HL. PAULUS AN TITUS (NT)
- **Tob** Das Buch Tobit (AT)
- **Weish** Das Buch der Weisheit (AT)
- **Zef** Das Buch Zefanja (AT)

[Joh 1,14; Joh 10,13][3]

---

[3]Quelle: Friedrich Streicher S.J., *Das Evangelium nach Matthäus Markus Lukas Johannes*, Verlag Herder, Freiburg im Breisgau, 1961.

[Joh 17,24]

[Offb 22,5]

AMEN. KOMM HERR JESUS!

[Offb 22,20]